Cocínalo

MARÍA LO

Recetas con sabor y alma

Grijalbo

Papel certificado por el Forest Stewardship Council®

Primera edición: octubre de 2024
Primera reimpresión: enero de 2025

Printed in Spain – Impreso en España

ISBN: 978-84-253-6602-4
Depósito legal: B-12.715-2024

Compuesto por Eva Arias
Impreso en Talleres Gráficos Soler, S.A.
Esplugues de LLobregat (Barcelona)

GR 66024

A todas las personas que siempre me animaron a dedicarme a la cocina
cuando yo no lo veía muy claro y que supieron ver cómo
se me iluminaba la cara cada vez que hablaba de ello

A las que me han puesto un plato en la mesa y me han permitido
conocerlas más a través de su cocina

A los restaurantes que se dejan la piel para crear platos con alma
e identidad y que me han hecho pasar momentos únicos

A todos los que os dejáis querer a través de la cocina

ÍNDICE

PRÓLOGO

Se suele decir que al destino normalmente no se lo ve venir. Aun así, hay veces en las que encuentras personas que te hacen pensar: «Por poco que trabaje, seguro que le irá bien...». María es un claro ejemplo de esto.

De pocas armas, sencilla, transparente, con ganas concentradas de vivir sin más complicaciones, cargada de ilusiones y de curiosidad por lo que hay fuera y por lo que tiene dentro, María irradia buenas vibraciones a través de todos los poros de su piel. María es una persona que cae bien y sobre la que piensas que le va a ir bien simplemente porque va a por su sueño, de frente y sin tonterías.

Recuerdo que, un día, a Pepe, a Samy y a mí, María nos dijo: «¡Quiero cocinar! ¡Me flipa lo asiático, lo de aquí, lo de allá...!». Confieso que, después de años de veredictos y cocinados, son muchos los que nos han dicho eso mismo, pero, por desgracia, normalmente todos esos empeños terminaron siendo palabras vacías, sueños kamikazes o ilusiones desaforadas. Pero María no. María buscaba encontrarse, parecía haber estado perdida y se notaba que la cocina podía ayudarla a conocer su propio interior, y, a partir de allí, vía recta hasta la realización personal y mucho más.

Y no defraudó. María cayó, se levantó y acabó ganando *MasterChef España*. Cierto es que otros también lo han conseguido, pero no han sabido sacar partido a tan gran logro, quizá porque se lo creyeron demasiado, porque no supieron ver el potencial o porque no creían de verdad en el cambio. Y María, otra vez sí. María aprende, se forma, viaja, crece y descubre la cocina y la gastronomía que lleva dentro.

Cocínalo recopila las recetas construidas en su primera etapa vital, en las que se recoge esa pátina de sueño, esfuerzo y vivencia nueva. El libro que tienes en tus manos está cocinado con humildad, voluntad y fuerza. Una primera revisión, un primer análisis, una primera operación a corazón abierto para mostrar al mundo qué cocina lleva María en su interior.

Estoy convencido de que su camino será afortunado, de que trabajará incansablemente, de que no te defraudará y de que seguirá cocinando con esmero cada capítulo de su vida.

JORDI CRUZ

INTRODUCCIÓN

Me acabo de sentar a escribir la introducción de mi libro y, la verdad, me he quedado un poco sin saber qué decir. No me malinterpretéis, no es porque no tenga nada que decir, es porque realmente creo que es algo muy «shockeante» estar escribiendo la introducción de un libro que he escrito yo y que se va a publicar para que llegue a todos los que tengáis ganas de conocerme un poco más a través de mi cocina. Un libro de recetas con las que me siento completamente identificada y a través de las cuales me encantaría poder acercarme un poquito más a todos vosotros.

Quién me iba a decir hace unos años que iba a dedicarme a lo que realmente me ha apasionado toda la vida: cocinar. Quién me iba a decir que, gracias a *MasterChef* y, sobre todo, a las ganas de cocinar, mi vida iba a dar un giro tan grande y que podría enfocar todas mis energías en un acto tan bonito como es cocinar, alimentar y hacer feliz a la gente a través de mis platos.

No es la primera vez que lo digo y, para los que me conocéis un poquito, sabéis que siempre me refiero a la cocina como mi lenguaje de amor. Por un lado, creo que es algo que irremediablemente nos conecta a todos. Comer es una necesidad básica y esto es común a todos los mamíferos, pero es que, encima, es el acto de amor más bonito, y diría que casi el primero en cuanto comienza nuestra vida: ¿qué hace una madre nada más dar a luz? Alimentar a su bebé, de la manera más primaria e instintiva. Para protegerlo, le da el alimento y lo cuida para su supervivencia.

Para mí la cocina es eso, una manera de cuidar y hacer feliz a mi gente, de compartir y dar una gran parte de mí en cada plato que hago. Creo que, además, ya sea por lo que cocinemos o lo que nos guste comer, es una manera bellísima de que cada uno se dé a conocer de una manera más profunda.

En mi casa siempre hemos sido de comer muy bien y muy rico. De dedicarle tiempo a cocinar(nos) y a reunirnos en familia para disfrutar de una buena comilona. Y hablando de tiempo, he de decir que este no es un libro de recetas que busque reducir los tiempos en la cocina para tener un plato en diez minutos y con tres ingredientes. De eso ya están atestadas las librerías. Aquí defiendo a capa y espada el dedicarle tiempo a la cocina. Desde que pienso en la receta y la diseño, voy a comprar los ingredientes que necesito y los elijo a conciencia, los elaboro dándoles el trato y el tiempo que requieren para crear un plato que, os aseguro, no solo cumple la función de alimentar nuestro cuerpo, sino también nuestra alma.

Para mí una buena cocina debe tener en cuenta varios factores: buena materia prima y de cercanía (siempre que se pueda), conocimiento del producto y de su temporalidad, los tiempos de cocinado de cada uno de ellos, el sabor tradicional (aunque no sea exactamente la receta clásica, y con «tradición» también me refiero a dedicarle el tiempo que se merece), el equilibrio entre los sabores y las texturas según la combinación de unos ingredientes que casen bien entre sí… Y de las cosas más importantes para mí: estar abiertos a indagar y ser curiosos con lo que comemos, probar, probar y PROBAR.

Espero que disfrutéis cocinando estas recetas tanto como yo y que sintáis el mismo efecto que mi editora cuando lo estaba corrigiendo: «Desde que estoy leyendo y corrigiendo tu libro, estoy convencida de que voy a empezar a cocinar. Mal, pero en algún momento empezaré». Y esto, amigos y amigas míos, es lo que más ilusión me hace. Animaos a (re)conectar con la cocina, quiero que salivéis al ver mis recetas y que eso haga que queráis prepararlas, que entendáis que el comer no es solo una necesidad básica, sino una manera bellísima de conectar, cuidar y alegrarnos el alma.

With Love & Passion,
Lo

EL SABOR Y LOS SENTIDOS

Un tema muy importante para mí es la manera en la que nos relacionamos con la cocina y los sentidos. Es muy bonito que comer o cocinar me conecten tanto con todos y cada uno de ellos y que, encima, estos mismos sentidos sean mi mejor guía para que, junto con la intuición (muy importante) y el haber probado, probado y probado, me ayuden a crear y cocinar platos coherentes, tanto desde el punto de vista del sabor como de la estética.

Si os fijáis, no es la primera vez que escucháis salir de mi boca lo de: «Tenéis que probar, probar y probar». Creo que es de las cosas más importantes si queréis cocinar bien: tener un registro superamplio de ingredientes y sus combinaciones. Yo empecé probando ingredientes sueltos; iba al mercado y si veía algo desconocido, me lo llevaba a casa. Primero los miraba y observaba su forma, los tocaba para saber la textura de cada una de sus partes, los olía para identificar aromas y poder empezar a relacionarlos con otros que quizá me eran más familiares, jugaba un poco con el ingrediente, escuchando cómo sonaba al morderlo o al cortarlo o al cocinarlo... Lo probaba para identificar su sabor e ir guardando todas estas sensaciones en mi **paladar psicológico**. Cuanto más probéis, más se amplificará vuestro registro de texturas, sabores, olores, formas o sonidos de cada alimento.

La segunda parte para mí es hacer lo mismo, pero combinando unos ingredientes con otros. Quizá os encontréis muchas veces con mezclas de sabores que pensáis que pueden funcionar bien y que resulta que no hay manera de que nadie los coma. No desesperéis, poco a poco iréis afinando el tiro. Además, cuanto más combinéis y probéis, independientemente de tener resultados buenos, malos o reguleros, más ampliaréis ese paladar psicológico y más acertados estaréis a la hora de combinar ingredientes nuevos.

Una fórmula que leí en un libro hace tiempo y que se me quedó grabada a fuego y que sigo bastante es:

SABOR = VISTA + OIDO + TACTO + OLFATO + GUSTO

Gusto

A través del gusto vamos creando ese **paladar psicológico** del que os hablaba antes (sí, me repito: hay que probar, probar, probar). Por esto mismo, este sentido también tiene ese vínculo superestrecho con la memoria. A medida que vamos probando cosas, vamos almacenando información sobre las características de cada alimento en nuestro cerebro. Cuanto más ampliemos estos conocimientos, mayor capacidad tendremos de saber combinarlos entre sí de manera satisfactoria.

Ácidos, amargos, salados, dulces y umami, así como la grasa y el picante conforman los sabores que podemos apreciar a través del gusto. Además, este siempre se ha usado como herramienta para orientarnos y protegernos a la hora de elegir qué comer. Si vuestro olfato no se ha dado cuenta de que algo está en mal estado, os aseguro que vuestro gusto no tendrá ninguna duda.

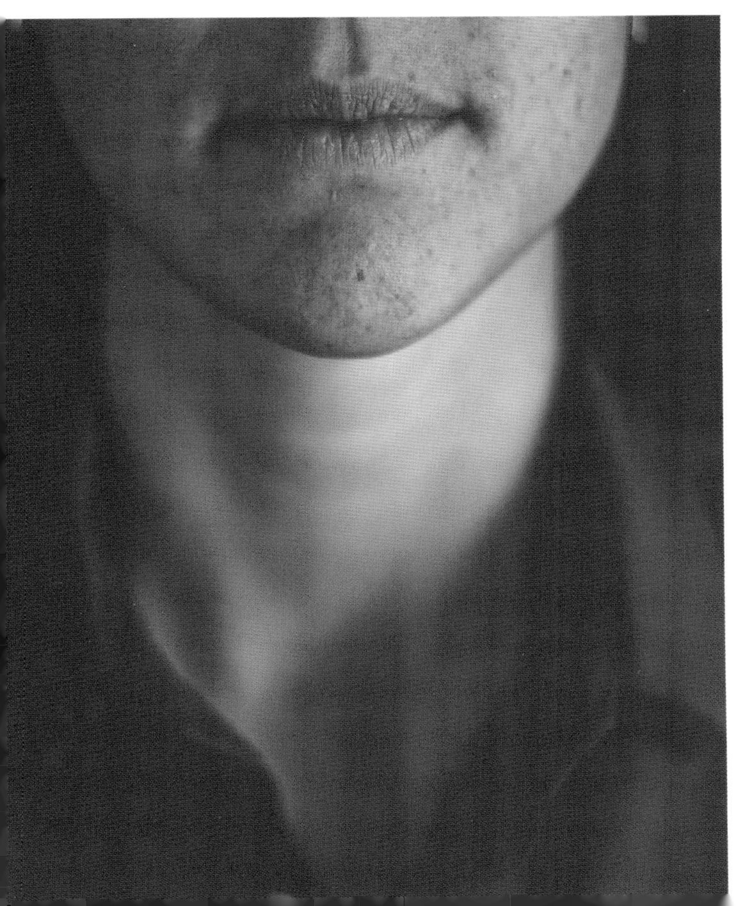

Olfato

Para mí es el sentido más agradecido junto con el gusto. ¿Cómo es entrar en casa de alguien (que sepa cocinar, claro) y que esté inundada de un olor riquísimo de algún guiso? ¿O levantarte por la mañana con el olor a café y a tostada recién hechos? ¿O ese olorcillo dulce y superrico que sale del horno cuando un pastel, la bollería o el pan están a punto de caramelo? Y no solo me refiero a lo que olemos cuando se cocina. Me refiero también a esas notas que nos transportan a otro lugar, que nos recuerdan a personas y momentos y que, muchas veces, nos hacen viajar en el tiempo.

De ahí que, para mí y creo que también para muchos, la cocina de toda la vida siempre nos recuerde al hogar. A nuestras madres y abuelas y, en mi caso, a mi padre en la cocina. A ese olorcillo característico de los platos que hemos comido más de una vez en nuestra infancia y que nos dan esa sensación de estar en casa.

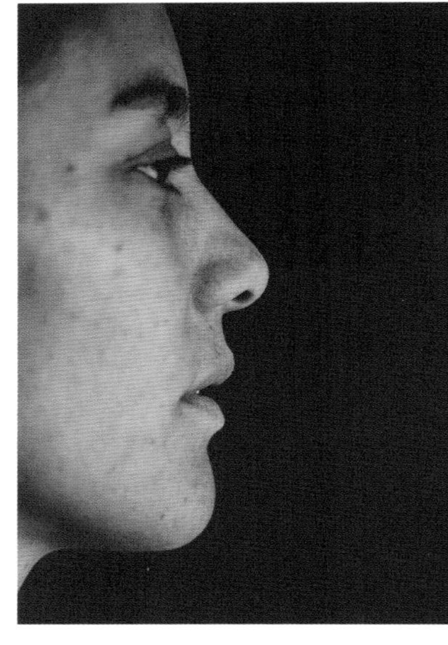

El olor junto con el sabor tienen el poder de teletransportarnos a lugares y a personas que, aunque a veces olvidamos, siguen existiendo dentro de nosotros.

Personalmente me guío mucho por el olor a la hora de hacer la compra. De hecho, creo que tener el olfato bien afinado es el mejor indicador de calidad a la hora de decidir si comprar o no un producto. Y no solo es útil para esto y que no nos den gato por liebre, sino que el olfato es el encargado de identificar los diferentes tipos de aromas de cada alimento y esto para mí es importantísimo a la hora de crear platos. Hay muchos ingredientes que por su escala aromática hacen un *match* perfecto con otros que en la vida hubieseis imaginado que casarían, y esto es porque comparten moléculas similares. Si os interesa este tema, hay bastantes libros que hablan sobre los diferentes aromas moleculares de los alimentos, así como del *food pairing*, que básicamente es la ciencia de emparejar unos alimentos con otros para que se complementen entre sí de la mejor manera posible.

Y, bueno, no me podía olvidar de la función MÁS importante del olfato en la cocina: siempre ayudará a evitar que calcinéis vuestra casa.

Tacto

Aquí podría diferenciar dos cosas: el tacto con las manos, que siempre uso para notar la textura de los alimentos y saber si están frescos o para imaginar cómo quedarían después de aplicarles alguna técnica de cocción..., y el tacto vinculado a cuando nos llevamos algo a la boca.

El tacto en boca es imprescindible y os diría que, a la hora de comer, para mí es lo segundo más importante o casi igual de importante que el sabor. Podemos tener un plato que esté rico, pero puede ser que si solo hemos usado un tipo de textura, a la quinta cucharada o tenedorazo estemos hartos o no lo disfrutemos tanto.

Y aquí entra el término **textura** y su amplia gama en la cocina. Nos encontramos con una infinidad de ellas: elementos blandos, cremosos, untuosos, grasos, crujientes, frescos, lisos, granulados, fundentes, explosivos... Me encanta jugar con diferentes texturas en un mismo plato que hagan que no nos aburra antes de terminarlo.

Un ejemplo muy sencillo es una crema de verduras. Puede estar buenísima y obviamente no tendremos ningún problema en terminarla sin sufrir de aburrimiento, pero imaginaos que le ponemos unos picatostes de manera que a cada cucharada nos encontremos con dos texturas: la crujiente de los picatostes y la cremosidad y homogeneidad de la crema. Y quien dice picatostes, dice beicon o cebolla fritos, trozos de queso feta, pipas...

Oído

El oído es un sentido que uso muchísimo cuando estoy cocinando y hago más de una elaboración al mismo tiempo. Al empezar a hacer mis primeros pinitos en la cocina, no era capaz más que de diferenciar sonidos que ya me eran familiares porque desde pequeña los escuchaba cuando cocinaban en casa: freír, planchar, saltear, hervir... A media que me fui introduciendo más en este mundo de prueba y error y después de cocinar MUCHO, pasé de reconocer los más básicos a ser capaz de entender lo que ocurría cuando cocinaba un alimento sin ni siquiera mirarlo.

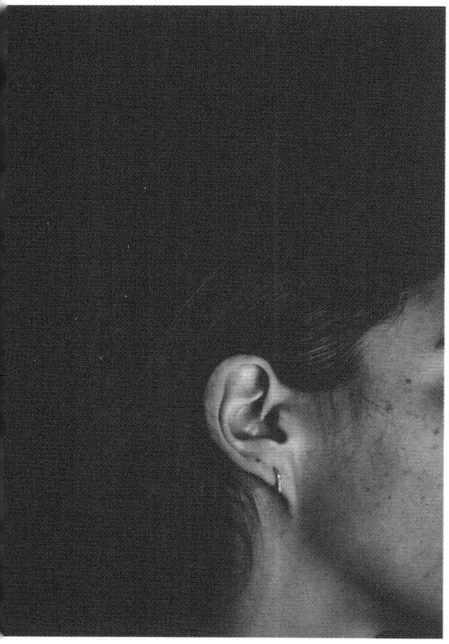

Un ejemplo clarísimo es cuando tengo que freír patatas para hacer una tortilla. Y os preguntaréis dónde entra aquí el oído. Pues bien, cuando echamos las patatas en el aceite caliente, se produce un burbujeo superintenso, al menos durante los primeros 10-15 minutos, debido a la gran cantidad de agua que contienen. A medida que la van perdiendo (por evaporación al estar en contacto con el aceite tan caliente), el burbujeo se vuelve cada vez más suave y, por lo tanto, el sonido de la burbuja es más sutil. Para mí este es una señal del punto de fritura en el que está la patata y de que ya está casi lista.

El oído no solo funciona como indicador a la hora de cocinar algo según el método de cocción que se aplique, también sirve para saber la frescura de los alimentos como, por ejemplo, las frutas y las verduras: el sonido seco que hace un espárrago triguero o una lechuga cuando los chascas con la mano indica que aún están frescos y siguen reteniendo agua en sus tejidos, lo cual les confiere firmeza y crujiente.

Además, el sonido de la comida también abre el apetito y las ganas de probar algo. Cerrad los ojos e imaginaos un cuchillo de sierra cortando un buen hojaldre con mil capas, cómo se percibe la corteza crujiente, la ligereza de la elaboración... Solo escuchando seguro que sois capaces incluso de saborearlo y notar su textura en la boca, sin ni siquiera tenerlo ahí (eso sí, siempre que lo hayáis probado antes, por eso digo lo de probar, probar y PROBAR).

Vista

No me podéis negar que de los primeros sentidos por el que entra la comida es la vista. Seguro que aún tenéis grabado a fuego ese plato de lentejas completamente marrón y pastoso de cuando erais pequeños y que os obligaban a comer (seguro que de sabor estaba buenísimo, pero de aspecto no había por dónde cogerlo) y dejar el plato más limpio que una patena, ya que, si no, venía tu madre o tu padre y te decía: «No te levantas de la mesa hasta que te lo acabes». O ese brócoli o coliflor hervidos y pasados de cocción con un color apagado y medio acuoso sin nada más que un poquito de sal. O ese lomo de pescado o de carne más tieso que qué y que hasta una suela de zapato estaría más rica...

A ver, igual he sido un poco exagerada, pero seguro que nos hemos encontrado en alguna situación similar a lo largo de nuestra vida, o por lo menos yo sí.

Siempre pongo muchísima atención (además de en el cocinado, que obviamente también influye muchísimo en el resultado final) en la forma de emplatar. Es cierto que, durante el cocinado, percibimos olores que pueden avisarnos de si algo va a estar rico o no. Pero por mucho que un plato huela o sepa maravillosamente bien, si de repente nos llega emplatado a la mesa un poco feíto o con colores muy apagados o tirado en la vajilla sin ningún tipo de cariño, igual las ganas de comerlo se nos pasan un poco.

Algo que me gusta mucho y que me decís bastantes por redes sociales cuando os comparto recetas en mi perfil es que, aunque hayáis comido recientemente, volveríais a hacerlo por la pinta de los platos. Eso, ESO es exactamente a lo que me refiero con la importancia de la vista en la cocina. Que tenga tan buena pinta que no podáis resistiros a darle un bocado incluso cuando estáis llenos.

Así que os animo a hojear muchos libros de recetas o usar las redes sociales, que son una herramienta maravillosa para coger ideas de emplatados que harán que una comida, que seguro está riquísima, esté aún mejor. Venga, que con una hierbecita fresca por aquí, una guarnición de diferentes colores por allá, una salsita bien ligada... le dais un valor añadido al plato que seguro vuestros comensales o vosotr@s mism@s agradeceréis enormemente.

UTENSILIOS EN MI COCINA

UTENSILIOS EN MI COCINA

He de confesar algo: soy una friki y obsesa de los utensilios / gadgets de cocina. No podría vivir sin absolutamente ninguno de mis básicos (suena exagerado, pero es una verdad como un templo), y es que creo que son enormes facilitadores a la hora de cocinar. Y ya no es solo porque nos hagan la vida más fácil, es que creo que mejoran la calidad de las elaboraciones y el sabor de la comida. Aquí os los dejo:

1. guante de horno
2. varilla
3. rodillo
4. manga pastelera
5. vaso medidor
6. mandolina
7. pala de emplatar
8. pincel de silicona
9. cazo para sopa
10. pinzas para espinas de pescado
11. abridor de vino
12. exprimidor de cítricos
13. boles
14. lengua
15. termómetro digital
16. soplete
17. microplane
18. araña
19. colador de malla fina
20. tijeras

Con esto (que no es poco), junto con un buen lote de ollas y sartenes, los que estáis tan viciados a la cocina como yo y os queráis convertir en unos PRO de los fogones pasaríamos al *next level*. Aquí ya entramos en pequeños electrodomésticos y maquinaria no manual que nos ayudarán a agilizar procesos en la cocina y a poder aplicar otro tipo de técnicas.

Personalmente yo me quedo con tres cosas:

1. robot amasador que uso sobre todo para hacer pastas de panadería y bollería
2. una buena batidora o procesador de alimentos
3. una máquina de pasta

A ver, hay muchísimos más, pero ¡para mí estos son mis top!

6
11
16
20
5
18
15
8
10
14
4
19
9
13
7
3
2
19
1
17
12
Microplane

Y *last but no least*, que para los que me conocéis sabéis que son mi auténtica pasión: MIS CUCHILLOS. Me los llevo a todos lados siempre que tengo que cocinar fuera de casa para un evento o incluso en casas de amigos. He de decir que algo que me pone muuuuuuy nerviosa es llegar a algún sitio y ver que los cuchillos que tienen no sirven ni para cortar mantequilla.

CHAIRA

Para pulir el filo de los cuchillos, no sirve para afilar

CEBOLLERO/GYUTO

Útil para carnes, pescado, verduras

SANTOKU

Útil para carnes, pescado, verduras

NAIKIRI

Para verduras

Ahora en serio, no importa que tengáis solo dos en casa. Para mí los básicos de lo básico son: el cuchillo cebollero y una puntilla. Pero, por Dios, que estén siempre afilados. ¿Sabéis que hay muchísima más probabilidad de que os cortéis si los cuchillos no tienen filo que si están suuuperafilados? Si están desafilados, se os pueden resbalar a la hora de hacer fuerza y liarla parda en casa. De izquierda a derecha:

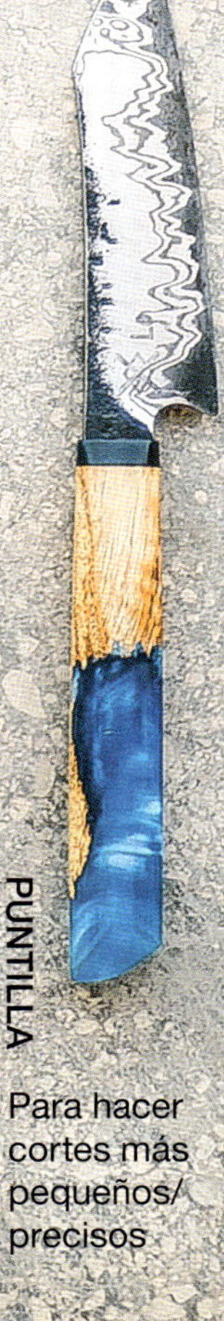

PUNTILLA

Para hacer cortes más pequeños/ precisos

PUNTILLA

Para hacer cortes más pequeños/ precisos

SUHJIKI

Hace cortes largos para filetear fino (sashimis, filetes)

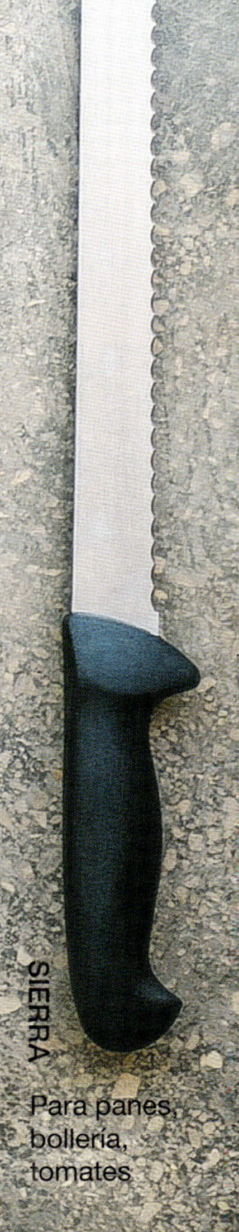

SIERRA

Para panes, bollería, tomates

Mis fondos de armario

Siempre siempre tengo, ya sea en el congelador o en el frigorífico, unos básicos a modo de fondo de armario. Por un lado, porque el tenerlos me facilita mucho el cocinado; por otro, ahorro tiempo, ya que no tengo que preparar estas elaboraciones específicamente para cada receta. Encontraréis un batiburrillo de opciones entre mis básicos, lo sé. Pero es que para mí son fundamentales y veréis que a lo largo del libro habrá varias recetas en las que tendréis que usarlos.

Encontraréis caldos base caseros que servirán para elaboraciones como, por ejemplo, arroces o guisos; encurtidos para terminar platos y darles ese *punch* de sabor final; fermentos (suelo tenerlos SIEMPRE, soy una enamorada de los fermentos), ya sea para comerlos o beberlos tal cual (chucrut, kimchi, kombucha…) o para hacer otras elaboraciones, como mi masa madre, que me lleva acompañando desde hace unos añitos ya y que me da unos panes de infarto (y sí, también encontraréis esa receta para que podáis empezar a hacer vuestros panes en casa, por si os queréis convertir en panaderos).

MIS BÁSICOS

c. s. = cucharada sopera
c. c. = cucharadita de café

CEBOLLA CARAMELIZADA

TIEMPO ELABORACIÓN:
1 hora

RESTRICCIONES ALIMENTARIAS: vegetariano, gluten free

INGREDIENTES:

4 cebollas dulces

1 nuez de mantequilla sin sal

Lo primero que haremos será pelar y cortar la cebolla en juliana de unos 5 mm de grosor.

En una olla con suficiente profundidad, añadimos la nuez de mantequilla y, una vez que esté derretida, incorporamos la cebolla. Cocinamos a fuego medio removiendo continuamente para evitar que se queme o se pegue hasta que obtengamos un color caramelo oscuro.

Guardamos en un bote hermético, cerramos y dejamos enfriar a temperatura ambiente. La conservaremos en nevera como «fondo de armario».

TIPS: Os aconsejo que, cuando tengáis toda la cebolla picada, la «soltéis» con las manos antes de echarla en la olla. De esta manera, se cocinará de una manera más uniforme.

La cebolla tiende a agarrarse y a tostarte más por un lado que por otro cuando ya está casi completamente caramelizada (los azúcares están concentrados y tienden a pegarse). Para evitar esto, tened un vaso de agua a mano para agregarle un chorrito cuando veáis que se os agarra o que el tostado no es uniforme. De esta manera se homogeneizan el color y los sabores.

MINIHISTORIA

Siempre tengo un bote hermético lleno de cebolla caramelizada en la nevera. Para mí es clave porque me acorta muchos procesos. Dura una semana aproximadamente. Suelo usarla para acortar el tiempo de cocinado de los sofritos de arroces y guisos, agregarla a las tortillas de patatas, ponerla en pizzas caseras… Es muy buen potenciador y equilibrador de sabor de los platos.

ACEITE DE AJO Y PEREJIL

TIEMPO ELABORACIÓN: 5 minutos

RESTRICCIONES ALIMENTARIAS: gluten free, sin lactosa, vegetariano, vegano

INGREDIENTES:

1 manojo de perejil fresco

1 cabeza de ajos

200 g de AOVE

Retiramos los tallos del manojo de perejil y nos quedamos solo con las hojas (si queda un poco de tallo, no pasaría nada). Pelamos y quitamos el germen de cada diente de ajo.

Lo ponemos todo en un vaso de batidora junto con el aceite de oliva virgen extra y trituramos con la batidora de mano hasta que se nos quede una pasta fina con pocos tropezones.

Reservamos en un bote hermético y cerramos. Conservamos en la nevera un par de semanas.

TIPS: Para que se conserve bien, yo me aseguro de que quede como medio dedo de aceite cubriendo el ajo y el perejil triturados. Las grasas siempre protegen el alimento de mohos u oxidación.

MINIHISTORIA

Otro de mis «sí o sí» que necesito tener en la nevera SIEMPRE. Por dos razones: la primera, porque considero que añadir una cucharada de este aceite a los sofritos de guisos, arroces, pescados a la plancha, mariscos de cáscara, sepias, calamares a la plancha, etc., da un saborcito especial. La segunda, porque en vez de estar continuamente picando ajo y perejil cada vez que queramos cocinar con ellos, podemos tenerlo en un botecito en la nevera y usarlo directamente. Además, es una muy buena forma de conservar las hierbas aromáticas si nos sobran.

GHEE

TIEMPO ELABORACIÓN:
30 minutos

RESTRICCIONES ALIMENTARIAS: vegetariano, gluten free, sin lactosa

INGREDIENTES:
500 g mantequilla sin sal

Ponemos la mantequilla en un cazo a temperatura media y dejamos que se vaya derritiendo poco a poco. Una vez que esté completamente derretida, la dejamos al fuego sin moverla, ya que lo que buscamos es caramelizar la parte sólida poco a poco para que la grasa adquiera un sabor avellanado y que se evapore la poca agua que tiene la mantequilla en sí.

Lo ideal es colarla con una tela alimentaria, pero si no tenéis, con un colador de malla fina va bien. Guardamos en un bote, cerramos y la dejamos en la nevera. Al ser una grasa, aguanta meses.

TIPS: Podéis darle un poco más de potencia al fuego al principio para que la mantequilla se derrita antes y, cuando esté tomando más temperatura, bajarlo a un fuego medio-bajo.

El ghee estará hecho cuando percibáis un olor como a nuez o a avellana y cuando veáis que la parte sólida que queda al fondo del cazo tiene un tono caramelizado.

Tened mucho cuidado de no quemar la parte sólida, ya que desarrollaría notas amargas y nos estropearía la elaboración.

MINIHISTORIA

El ghee viene de la cocina oriental, donde es popular. Yo lo descubrí cuando empecé a cocinar algunos platos indios. A día de hoy lo suelo emplear como grasa para cocinar, incluso pescados y carnes a la plancha, porque me gusta muchísimo el aroma que deja.

PICATOSTES

TIEMPO ELABORACIÓN:
25 minutos

RESTRICCIONES ALIMENTARIAS: vegetariano, sin lactosa, vegano

INGREDIENTES:

300 g de pan de ayer (yo uso el mío de masa madre, ver receta p. 61)

1 c.s. de tomillo (opcional)

AOVE

sal

Lo primero que vamos a hacer es precalentar el horno a 180 °C. Mientras va tomando temperatura, cortamos el pan en cubos de ½ a 1 cm.

En una fuente apta para horno, ponemos los cubos de pan y agregamos un buen chorro de AOVE y sal al gusto. Removemos bien para que se repartan lo más uniformemente posible.

Horneamos durante unos 15-20 minutos removiendo de vez en cuando para que se tuesten por todas partes por igual. Cinco minutos antes, para que no se queme y amargue, agregaremos el tomillo (opcional) y mezclaremos bien.

Sacamos del horno, disponemos sobre un papel absorbente y dejamos que pierdan temperatura. Guardamos en botes herméticos a temperatura ambiente.

TIPS: Si no tenéis horno, podéis tostar los picatostes en una sartén con un buen chorro de AOVE e ir salteándolos hasta que pierdan toda la humedad que le quede al pan y queden crujientes.

Si vuestro pan está demasiado duro, un truco es envolverlo en papel absorbente de cocina, mojar el papel con un poquito de agua y llevarlo al microondas un minuto o hasta que esté algo más blando. Lo cortamos al momento.

Podéis agregarle otro tipo de especias o aromatizantes: romero, ajo en polvo, pimienta negra...

MINIHISTORIA

Nunca faltan picatostes en mi cocina. De hecho, aunque haya puesto 300 g de pan, podéis hacer la cantidad que queráis si sois como yo, que los consumo mucho. Los picatostes dan esa textura crujiente que, según en qué platos los añadáis, ayudan a no aburrir al paladar: cremas, desmenuzado en pastas, ensaladas...

FONDO OSCURO

RACIONES: 3 litros, aprox.

TIEMPO ELABORACIÓN: 10 horas

RESTRICCIONES ALIMENTARIAS: sin lactosa, gluten free

INGREDIENTES:

400 g de hueso de ternera (con tuétano, mejor)
350 g de aguja de ternera
350 g de costilla de ternera
2 tomates pera
2 zanahorias medianas
1 puerro mediano
1 rama de apio
1 cebolla dulce grande
½ cabeza de ajos
300 g de vino tinto bueno
5 l de agua

En una bandeja, «churruscamos» a 220 °C, calor arriba y abajo, los huesos de ternera, la aguja cortada en trozos de 2 cm y las costillas también cortadas en trozos hasta que estén muy doradas. Vamos moviéndolas cada 10 minutos para que se tuesten por todas las caras.

Mientras tanto, preparamos las verduras. Cortamos la cabeza de ajos de forma transversal con la piel y nos quedamos con una mitad. Lavamos los tomates y los cortamos en 6 trozos. Lavamos las zanahorias, el puerro y el apio y cortamos en rodajas de 2 cm de grosor. Pelamos la cebolla dulce y cortamos en 8 trozos. Agregaremos las verduras cortadas encima de la carne cuando esta esté dorada y horneamos durante unos 30-40 minutos más, moviendo las verduras para conseguir un tostado homogéneo.

Una vez tengamos el punto de las verduras y las carnes oscurito, añadimos el vino tinto para desglasar los jugos y lo pasamos todo a una olla grande. Dejamos evaporar el vino a fuego fuerte y añadimos el agua. Cocinamos a fuego medio-bajo haciendo un chup-chup suave durante 6-8 horas. Pasado este tiempo, dejamos enfriar a temperatura ambiente y, una vez frío, colamos desechando las verduras y la carne, ya que no tienen ningún valor nutricional.

TIPS: Podéis acortar el tiempo de cocinado si, una vez que tengáis todas las verduras y carnes tostadas, las metéis en una olla a presión, evaporáis el vino, cubrís de agua y dejáis cocinar una hora. En este caso, los caldos no quedan del todo brillantes y limpios, pero el sabor es el mismo.

De esta elaboración puede saliros una buena *demi-glace* (jugo de carne superreducido) para acompañar como salsa algunas carnes si dejáis reducir el caldo hasta que quede $^{1}/_{10}$ parte aproximadamente.

FUMET ROJO

RACIONES: 3 litros, aprox.

TIEMPO ELABORACIÓN:
1 hora y 30 minutos

RESTRICCIONES ALIMENTARIAS: gluten free, sin lactosa

INGREDIENTES:

10 gambas rojas (o gamba roja arrocera)
300 g de cangrejitos o galeras
1 cabeza de rape pequeña
300 g de morralla de roca
2 zanahorias medianas
1 puerro mediano
½ cabeza de ajos
1 cebolla dulce grande
5 l de agua
1 c. s. de tomate concentrado
150 g de brandy
AOVE

En una bandeja de horno con papel vegetal, ponemos a tostar la morralla y la cabeza de rape partida en 2 a 200 °C durante unos 20 minutos o hasta que esté todo bien dorado. Pelamos las gambas, reservamos la cabeza y a cáscara del cuerpo y guardamos los cuerpos limpios para otra elaboración.

Cortamos la cabeza de ajos de forma transversal y nos quedamos con una mitad. Pelamos y cortamos las zanahorias en dados, lavamos y cortamos en rodajas el puerro. Pelamos y cortamos en 8 trozos la cebolla dulce. Reservamos.

Ponemos a fuego fuerte una olla con bastante fondo y un buen chorro de AOVE y añadimos las cabezas de gamba junto con la ½ cabeza de ajos. Con ayuda de una cuchara de madera o espátula, estrujamos las cabezas de las gambas para sacarles todo el jugo mientras se van dorando. Añadimos las galeras o los cangrejos y les sacamos también sus jugos presionando con fuerza mientras que se van tostando.

Añadimos la cebolla, la zanahoria y el puerro y cocinamos a fuego medio hasta que estén bien dorados. Añadimos el pescado, que ya lo tendremos bien tostado del horno, y cocinamos 1 minuto para integrar todos los sabores. Agregamos el brandy con el fuego apagado, volvemos a encender y dejamos que se evapore el alcohol. Añadimos el tomate concentrado, cocinamos 1 minuto y cubrimos con el agua. Retiramos la espuma blanca (impurezas) de la superficie. Cocinamos unos 45-60 minutos a fuego medio. Dejamos enfriar a temperatura ambiente y colamos. Podéis conservarlo unos días en nevera o congelarlo.

CALDO DE HUESOS

RACIONES: 3 litros, aprox.

TIEMPO ELABORACIÓN: 6-7 horas

RESTRICCIONES ALIMENTARIAS: gluten free, sin lactosa

INGREDIENTES:

1 kg de huesos de ternera (con y sin tuétano)
1 manita de cerdo partida por la mitad
1 hueso de jamón
1 carcasa de pollo o gallina
1 puerro mediano
1 rama de apio
2 zanahorias medianas
1 nabo mediano
5 l de agua

Lo primero que vamos a hacer es limpiar con agua todas las verduras y partirlas por la mitad.

En una olla con bastante fondo, añadiremos todos los huesos y las verduras junto con el agua. Ponemos a fuego medio-bajo y lo dejamos cocinar unas 6-7 horas, que haga chup chup, pero no muy fuerte. A medida que el agua se va calentando, las impurezas de las carnes aparecerán en forma de espuma blanca en la superficie. Con ayuda de una espumadera, las vamos retirando poco a poco hasta que ya no salgan. Así conseguiremos un caldo más limpio y brillante.

Una vez hayan pasado las horas necesarias y el caldo tenga una consistencia mayor y un color dorado, apagamos el fuego y dejamos que enfríe a temperatura ambiente. Cuando esté frío, colamos, pasamos a un recipiente donde quepa y reservamos en la nevera para que enfríe completamente.

Para desgrasar el caldo, es tan sencillo como sacarlo de la nevera y retirar la capa superficial de grasa más blanca. La parte líquida a temperatura baja debería quedar como una gelatina; es el mejor signo de que tenéis un caldo de huesos en toda regla y con todas sus propiedades.

TIPS: Si tenéis Crock-Pot® en casa (olla de cocción lenta), lo podéis dejar cocinando toda la noche y al día siguiente tendréis un caldo de huesos de 10.

Os aconsejo comprar huesos de pasto o ecológicos para esta receta. Además, a mí me gusta comprarlos tanto de la parte de la articulación como huesos de caña (que tienen tuétano), porque estos dan un sabor espectacular al caldo.

CALDO OSCURO DE VERDURAS

RACIONES: 3 litros, aprox.

TIEMPO ELABORACIÓN: 3 horas

RESTRICCIONES ALIMENTARIAS: gluten free, sin lactosa, vegano, vegetariano

INGREDIENTES:

3 tomates pera
1 hinojo pequeño (opcional)
2 ramas de apio
2 zanahorias medianas
1 cebolla dulce
1 puerro mediano
1 nabo
¼ col rizada
½ cabeza de ajos con piel
50 ml de AOVE
4 l de agua

Precalentamos el horno a 200 °C con calor arriba y abajo.

Mientras, lavamos todas las verduras y pelamos la cebolla. Cortamos la cabeza de ajos con piel de forma transversal y nos quedamos con una mitad. Cortamos todas las verduras en trozos de unos 2 cm y las ponemos en una fuente de horno con suficiente fondo o en la propia bandeja. Agregamos un buen chorro de AOVE y removemos bien para que todas las verduras se impregnen de aceite.

Horneamos durante 45 minutos hasta que se tuesten por la superficie. Removemos bien para que se tuesten por el otro lado durante otros 45 minutos más. Cuando tengan un color oscuro (no quemado), añadiremos el agua y dejaremos unos 60 minutos más.

Sacamos la bandeja del horno con cuidado, dejamos enfriar y colamos. Guardamos en nevera o en el congelador.

TIPS: En esta receta la clave, más que el tiempo de tostado, es observar el color que va adquiriendo la verdura. Nos interesa tenerla bien tostada (que no quemada) por todos sus lados, ya que esto aportará un color bien oscuro al caldo y un sabor intenso como a verduras a la brasa.

CEBOLLA MORADA ENCURTIDA

TIEMPO ELABORACIÓN:
15 minutos

RESTRICCIONES ALIMENTARIAS: gluten free, sin lactosa, vegetariano, vegano

INGREDIENTES:

2 cebollas moradas
1 c.s. de azúcar blanco
1 c.c. de sal fina
1 hoja de laurel
½ c.s. de pimienta negra en grano
½ c.s. de grano de mostaza (opcional)
200 g agua
200 g vinagre de manzana

Pelamos y cortamos la cebolla en juliana y la soltamos bien con ayuda de las manos. La reservamos en un bote hermético.

En un cazo, calentamos el vinagre y el agua junto con la sal, el azúcar y todas las especias aromáticas. Llevamos a hervor a fuego medio y, una vez que rompa a hervir, retiramos y en caliente vertemos la mezcla en el bote con la cebolla.

Tapamos y cerramos herméticamente, dejamos enfriar a temperatura ambiente y metemos en frigorífico. Dejamos reposar al menos 24 horas en frío para que los aromas se asienten.

TIPS: Podéis usar cualquier tipo de vinagre: de arroz, de Jerez, de vino blanco, tinto... A mí me gusta el de manzana porque es más suave en cuanto a aroma.

Esta receta admite muchas combinaciones aromáticas. Podéis agregarle hierbas frescas como el eneldo, otras especias como el anís estrellado o cardamomo... ¡Es superdivertido jugar con diferentes combinaciones y ver cómo cambia el aroma y el sabor!

MINIHISTORIA

Otra cosa no, pero cebolla morada encurtida en mi nevera ¡no falta nunca! Además de que es una elaboración superfácil de hacer, aguanta mucho tiempo, ya que el vinagre, el azúcar y la sal son conservantes naturales. Como encurtido que es, la cebolla morada es una gran limpiadora de paladares y combina a la perfección con platos grasos.

PEPINOS COREANOS

RACIONES: 1 bote de 1 litro

TIEMPO ELABORACIÓN: 20 minutos

RESTRICCIONES ALIMENTARIAS: gluten free, sin lactosa, vegetariano, vegano

INGREDIENTES:

1 kg de pepinos
50 g de sal gorda
3 c. s. de aceite de sésamo
1 trozo de jengibre
3 dientes de ajo
1 guindilla (opcional si queréis picante)
1 c. c. de pimienta negra en grano
80 g de azúcar
200 ml de vinagre de arroz
200 ml de agua

Lavamos bien los pepinos y cortamos transversalmente dejando la piel. Con ayuda de la punta de una cuchara, retiramos las pepitas. Cortaremos en rodajas, las pondremos en un bol y añadiremos la sal. Mezclamos bien y dejamos reposar unos 15 minutos para que suelten parte del agua y se salen. Pasado este tiempo, enjuagamos debajo del grifo con abundante agua y metemos dentro de un bote hermético.

En un cazo, añadiremos el aceite de sésamo y, a fuego medio, cocinaremos los dientes de ajo pelados y laminados junto con el jengibre pelado y cortado en rodajas, la pimienta negra en grano y la guindilla cortada en rodajitas. Antes de que tomen color, retiramos del fuego y añadimos el azúcar, el vinagre de arroz y el agua. Llevamos a hervor para disolver el azúcar y vertemos todo el contenido dentro del bote con los pepinos cortados. Cerramos herméticamente, dejamos enfriar a temperatura ambiente y reservamos al menos una noche en el frigorífico antes de su consumo.

TIPS: Podéis cortar los pepinos coreanos en bastones alargados de unos 7 cm (sin las pepitas y dejándoles la piel) o en medias lunas. Los primeros los tengo para consumirlos tipo snack; los segundos los suelo combinar con otros platos.

Si no encontráis guindilla fresca, podéis usar 2 o 3 cayenas (opcional si queréis picante).

Podéis usar el pepino común que encontramos en el súper, pero si conseguís pepino chino (que es más pequeñito y con la piel un poco más gorda), mejor, ya que queda una textura más crujiente.

MINIHISTORIA

Veréis que una vez que los probéis, tendréis la necesidad imperiosa de tener SIEMPRE un bote de pepinos coreanos en la nevera.

KIMCHI COREANO

TIEMPO ELABORACIÓN:
8-26 horas

RESTRICCIONES ALIMENTARIAS: gluten free, sin lactosa

INGREDIENTES:

1 col china

1 litro de agua

100 g de sal gruesa marina

Para la salsa de kimchi:

6 c. s. gochugaru (polvo de chile coreano)

pasta de arroz (400 ml de agua + 40 g arroz bomba)

2 c. s. de salsa de pescado fermentado (opcional)

1 c. s. de camarones coreanos fermentados (opcional)

150 g de nabo daikon o normal

150 g de zanahoria

8 ajos tiernos

8 dientes de ajo

50 g jengibre fresco

1 cebolla pequeña

1 manzana roja

Preparamos en un túper grande una salmuera con el agua y la cantidad de sal. Cortamos la col por la mitad del tallo y separamos en dos. Distribuimos el resto de la sal entre las hojas y sumergimos las dos mitades en la salmuera. Dejamos reposar unas 8-10 horas en frío dándoles vueltas cada 2 para salarlas por todos lados.

Pasado este tiempo, sacamos las coles de la salmuera y les retiramos el exceso de sal con abundante agua. Las estrujamos con las manos hasta que no suelten agua y las dejamos en un colador.

Para la salsa de kimchi, cocemos el arroz y le dejamos un poco de agua para poder triturarlo junto con el gochugaru y obtener una textura tipo papilla. Dejamos enfriar. Trituramos la cebolla, el ajo y el jengibre pelados y la manzana pelada y despepitada juntos hasta obtener una pasta densa (añadir un poco de agua si fuese necesario). A esta pasta, vamos a agregarle 6 cucharadas soperas de la pasta de arroz con gochugaru y volvemos a triturar.

Cortamos en juliana fina los nabos, las zanahorias y los ajos tiernos. Ponemos todo en un bol y ponemos a punto de sal. Añadimos la salsa de pescado (opcional), la de los camarones fermentados (opcional), la pasta que hemos hecho antes y mezclamos todo muy bien con las manos. Untamos toda la col, hoja por hoja, con la salsa de kimchi y, una vez bien embadurnada, la guardamos en un túper cubierta con film «a piel» y dejamos fermentar a temperatura ambiente 24 horas. Transcurrido ese tiempo, guardamos en nevera y consumimos en un máximo de 2 meses.

TIPS: ¡Ojo a la hora de fermentar! El tiempo que necesitará el kimchi en verano será más corto que en invierno por la temperatura. En invierno suelo dejarlo 24 horas a temperatura ambiente y en verano, unas 6-8 horas.

CHUCRUT

RACIONES: 1 bote de 1 litro

TIEMPO ELABORACIÓN: 1-2 semanas

RESTRICCIONES ALIMENTARIAS: gluten free, sin lactosa, vegetariano, vegano

INGREDIENTES:

¼ repollo

1 cebolla morada mediana

2 zanahorias medianas

30 g de jengibre fresco

3 % peso total de las verduras de sal gorda marina

Pelamos las zanahorias y la cebolla y cortamos en juliana fina. Pelamos el jengibre, lo cortamos en rodajas finas y, a su vez, en bastoncitos. Cortamos en juliana fina el repollo y pesamos todas las verduras juntas en un bol.

Añadimos el 3 % de sal del total del peso de las verduras. Masajeamos las verduras junto con la sal con energía para que rompan las fibras y empiecen a soltar el agua. Dejamos reposar 5 minutos y volvemos a masajear.

Metemos las verduras poco a poco en un bote hermético haciendo presión en la base para evitar que quede aire entre ellas. Añadiremos el agua que ha soltado la verdura después de haberla masajeado y volvemos a presionar fuerte. Las verduras deben quedar sumergidas en su propio jugo. Cerramos herméticamente

Dejamos fermentar de 1 a 2 semanas (dependiendo de la temperatura ambiente). Es importante vigilar cómo va la fermentación día a día y abrir y cerrar el bote para que suelte el gas que se va generando. Pasado este tiempo, probamos y, si vemos que ya está listo, lo guardamos en nevera en un bote hermético.

TIPS: Si tenéis una mandolina en casa, os facilitará mucho a la hora de cortar las verduras en juliana fina.

Es importante ir probando cómo va evolucionando el sabor del chucrut durante la fermentación. Cuantos más días pasen, tendrá sabores más complejos y la acidez irá aumentando. Una vez hayáis conseguido el sabor que os guste, lo metéis en la nevera y listo.

KOMBUCHA BY LO

RACIONES: 4 litros

TIEMPO ELABORACIÓN: 10-30 días

RESTRICCIONES ALIMENTARIAS: gluten free, sin lactosa, vegetariano, vegano

INGREDIENTES:

1 SCOBY + líquido iniciador

4 litros de agua

28 g de té (verde o negro)

280 g de azúcar blanco

120 g de puré o zumo de fruta (opcional)

40 g de jengibre fresco

Hacemos una infusión con el agua, el té y el azúcar durante 5 minutos, colamos y dejamos enfriar hasta que la temperatura baje a 28 °C. Si la temperatura es superior, el SCOBY puede morir y no realizar el proceso fermentativo.

Ponemos la infusión en el recipiente donde queramos fermentar (os aconsejo un tarro de cristal de 5 litros con grifo). Metemos el SCOBY junto con el líquido iniciador (si habéis comprado el SCOBY, veréis que viene con un poco de líquido que ayudará a arrancar la fermentación), y tapamos la «boca» del tarro con un trapo sujetado con una goma para que pueda respirar.

Dejamos fermentar dependiendo de la temperatura ambiente (de 10 a 12 días en verano y de 15 a 21 en invierno). En el mundo de la fermentación no hay una ciencia exacta, así que, dentro de estos márgenes, id probando la kombucha. Cuando notéis que aparece gas, que el sabor nos recuerda a la sidra y que ya no contiene tanta azúcar, es momento de embotellar y pasar a la segunda fermentación.

En 4 botellas de litro de cristal con tapón hermético, añadimos 10 g de jengibre fresco cortado en trocitos y 40 g de puré o zumo de frutas, rellenamos con la kombucha y tapamos. Dejamos fermentar de 9 a 15 días (según temperatura ambiente). Es importante ir abriendo las botellas cada dos días para dejar escapar el gas carbónico. Una vez lista, las metemos en nevera para frenar la fermentación y la consumimos.

TIPS: El SCOBY lo podéis encontrar online o siempre le podéis pedir a algún conocido que haga kombucha en casa un trocito del suyo.

Cuando hablamos de elaboraciones fermentadas, es importante asegurarnos de que seguimos los procesos de forma correcta y que manipulamos todo en unas condiciones de higiene adecuadas.

20.05

c. s. = cucharada sopera
c. c. = cucharadita de café

MASAS Y MANTEQUILLAS

MASA MADRE

TIEMPO ELABORACIÓN:
5-7 días

RESTRICCIONES ALIMENTARIAS: sin lactosa, vegetariano, vegano

INGREDIENTES:

harina integral (cantidad suficiente)

agua (cantidad suficiente)

DÍA 0

En un tarro limpio, vertemos 25 g de harina integral y 25 g de agua. Mezclamos bien hasta que la harina quede totalmente empapada y cerramos herméticamente. Reservamos hasta el día siguiente.

DÍA 1

No notaremos ningún tipo de actividad, ya que es muy pronto, pero las bacterias ya estarán empezando a despertar. Añadiremos a la mezcla existente otros 25 g de harina integral y 25 g de agua. Si la incorporamos templada a 30 °C, mejor, ya que tener una temperatura agradable para las bacterias que van a empezar a fermentar acelerará el proceso. Cuidado con no calentarla de más, ya que correremos el riesgo de que las bacterias se mueran y, por lo tanto, sea imposible conseguir la masa madre. Reservamos hasta el día siguiente.

DÍA 2

Quizá notemos un poco de actividad (una pequeña burbuja), pero puede ser que aún no haya crecido lo suficiente. Desecharemos la mitad de la masa que tenemos en el bote y añadiremos nuevamente 25 g de harina integral y 25 g de agua templada. Mezclamos bien. Aquí podéis dibujar una raya en el bote al nivel de la mezcla e ir observando cada hora si ha crecido algo. Dejamos hasta el día siguiente.

DÍA 3

Observaremos si hay mayor actividad y si la masa madre ha crecido de un día para otro. Volvemos a repetir la operación de quitar la mitad de la masa y añadir 25 g de harina integral y otros 25 g de agua templada. Mezclamos bien y dejamos reposar cerrado hasta el día siguiente.

*A la acción de quitar parte de la masa y agregarle harina y agua nuevas se la llama «refrescar» o «alimentar» la masa madre.

DÍA 4 Y CONSECUTIVOS

Repetiremos la acción de refresque* hasta que nuestra masa madre doble el volumen cada vez que le añadamos harina y agua. Suele tardar entre 2 y 4 horas según la temperatura ambiente. Si vemos que dobla su volumen, significa que ya tenemos nuestra masa madre lista para usar.

TIPS: Siempre que he empezado a hacer una masa madre desde cero, me ha funcionado mucho mejor usar harinas integrales, ya que contienen salvado (la cáscara del trigo) y, a su vez, suelen contener más microorganismos que facilitan que la fermentación arranque antes.

Siempre que hagamos un pan y usemos un porcentaje de masa madre, hay que volver a alimentarla con harina y agua, esperar a que crezca un poco y, si no vamos a usarla durante unos días, guardarla en nevera para ralentizar el proceso fermentativo y no tener que alimentarla a diario.

Si la guardáis a temperatura ambiente, tendríais que refrescarla cada 1 o 2 días como máximo. Si la guardáis en nevera, yo la refresco cada 5-6 días.

1
2
3
4
5
6
7
8

MI PAN DE MASA MADRE

RACIONES: 1 pan de 800 g

TIEMPO ELABORACIÓN:
5 horas para preparar el pan
+ 24 horas de reposo en frío

RESTRICCIONES ALIMENTARIAS: sin lactosa, vegetariano, vegano

INGREDIENTES:

400 g de harina de fuerza

45 g de harina integral

265 g de agua

90 g de masa madre (ver receta p. 58)

9 g de sal

AMASADO:

Lo primero será refrescar nuestra masa madre. Para ello, desecharemos la mitad de la masa que tengamos y le añadiremos unos 50 g de harina integral y 50 g de agua templada. Mezclaremos bien y reservaremos durante 2-3 horas para que doble su volumen y que esté superactiva (que tenga muchas burbujas). Una vez esté lista, pondremos la cantidad necesaria en un bol o táper (foto 1) junto con el agua templada (menos de 30° C) (foto 2), y con ayuda de un tenedor, mezclaremos bien. Añadiremos la harina de fuerza y la integral (foto 3) junto con la sal (foto 4) y lo mezclaremos todo hasta conseguir que la harina esté toda húmeda (foto 5). Tal como yo hago el pan, no hace falta amasar. Tapamos para evitar que entre aire y la masa se reseque. Dejamos reposar 40 minutos (foto 6). Pasado este tiempo, destapamos y realizamos unos pliegues (foto 7). Para ello, agarramos un borde de la masa, la estiramos para darle tensión y la doblamos sobre sí misma. Repetimos esta acción 2 o 3 veces, hasta que veamos que está más lisa y tensa. Le damos la vuelta dejando los pliegues para abajo y la parte lisa y con forma de bola para arriba (foto 8). Volvemos a tapar y dejamos reposar otros 40 minutos. Repetimos esta acción 2 veces más, es decir: pliegues a la masa, dejar reposar 40 minutos tapada, unos últimos pliegues a la masa y reposo hasta doblar su tamaño tapada (dependiendo de la temperatura ambiente, tardará entre 1:30 horas en verano y 3-4 horas en invierno).

TIPS: Si no tenéis banneton, podéis usar un bol con un trapo de tela enharinado.

FORMADO:

Espolvoreamos una superficie no porosa con harina para evitar que la masa se pegue. La sacamos con cuidado de no desgasificarla del bol y la colocamos sobre la mesa de trabajo (foto 9). Luego, la estiramos para darle forma rectangular (foto 10). Cogemos las esquinas de la parte más ancha y doblamos sobre sí misma hasta que ocupe ⅓ de la masa (foto 11). Superponemos el tercio de la masa restante al primer doblez (foto 12). Una vez tengamos como un «cilindro», enrollamos por la parte más estrecha sobre sí misma (foto 13) hasta el final (foto 14), y pellizcamos la masa por ambos lados, donde están visibles las capas, para cerrarla y darle tensión. Enharinamos la superficie para evitar que se pegue. Espolvoreamos un banneton con harina y colocamos con cuidado la masa formada, dejando la parte del pliegue visible hacia arriba (foto 15). Esparcimos harina por la superficie y reservamos dentro de una bolsa de plástico o film (foto 16) bien cerrada para evitar que se reseque.

FERMENTADO:

Dejamos reposar en el frigorífico 24 horas. La fermentación aquí se ralentiza por las temperaturas bajas, pero el pan sigue su proceso y desarrolla aromas más complejos.

GREÑADO Y HORNEADO:

Tras las 24 horas, precalentamos el horno a máxima temperatura con la olla de hierro dentro. Cuando la olla tenga mucha temperatura, volcamos el pan dentro de la tapa de la olla (foto 17) con mucho cuidado, sin quemarnos, de forma que la parte bonita y lisa de la masa de pan quede hacia arriba. Con ayuda de una cuchilla, hacemos una raja (greñado) a lo largo (foto 18). Tapamos la olla (foto 19) y horneamos 18 minutos. Pasado ese tiempo, destapamos el pan (foto 20) y lo dejamos cocer 12 minutos más para que se termine de hornear y se forme una costra crujiente y dorada.

Sacamos del horno y dejamos reposar encima de una rejilla hasta que baje de temperatura.

9
10
11
12
13
14
15
16

17

18

19

20

BRIOCHE FRANCÉS

RACIONES: 1 telera

TIEMPO ELABORACIÓN: 4 horas

RESTRICCIONES ALIMENTARIAS: vegetariano

INGREDIENTES:

300 g de harina de fuerza
60 de azúcar blanco
70 g leche entera
6 g de sal
15 g de levadura fresca
2 huevos tamaño L
60 g de mantequilla sin sal

Para la doradura:

1 huevo
1 chorrito de nata
sal para pintar

TIPS: Lo mejor para comprobar si el interior está bien cocido es clavarle un termómetro en el centro. Si este marca 90 °C, ya se puede sacar. Si no tenéis termómetro, usad un palillo; si sale limpio, indica que está listo.

Mezclamos todos los ingredientes secos (harina, azúcar y sal) en un bol con suficiente capacidad y añadimos los huevos bien batidos en 3 tandas, amasando entre cada tanda. Nos debe quedar como una textura tipo arenilla.

Disolvemos la levadura en leche templada (<30 °C) y la añadimos a la mezcla anterior igual que el huevo, en 3 tandas, mezclando hasta que la harina la absorba entre cada tanda. Os quedará una masa pegajosa; es normal.

Seguidamente añadimos la mantequilla cortada en cubos y fría a la masa y amasamos hasta que se integre (15 minutos aproximadamente) Veréis que a medida que amaséis la masa no se os pegará tanto en las manos. Buscamos tener una masa lisa, homogénea y con elasticidad.

Pasamos a una superficie enharinada, amasamos un par de minutos más y formamos una bola con tensión. Dejamos reposar en un bol tapado hasta que doble su tamaño. Una vez haya doblado el tamaño, degasificamos la masa y la pasamos a la mesa de trabajo con un poco de harina. Estiramos con rodillo hasta conseguir un rectángulo de unos 3-4 mm de grosor.

Cortamos tiras del ancho del propio molde donde vamos a hornear nuestro brioche y las enrollamos sobre sí mismas. Engrasamos la superficie del molde con mantequilla y colocamos los rollos bien pegados uno detrás de otro. Dejamos fermentar tapado hasta doblar el tamaño.

Mezclamos los ingredientes de la doradura y pintamos la superficie del brioche. Horneamos 25 minutos con calor arriba y abajo a 200 °C. Sacamos del horno y dejamos enfriar desmoldado y en rejilla.

*En el caso de que queráis hacer minibriochitos, es tan fácil como hacer bolitas de unos 30 g bien tensas y darles forma de mini-hot dog. Colocamos sobre bandeja de horno con papel vegetal, pintamos la superficie con huevo, nata y sal y horneamos a 200 °C unos 15 minutos.

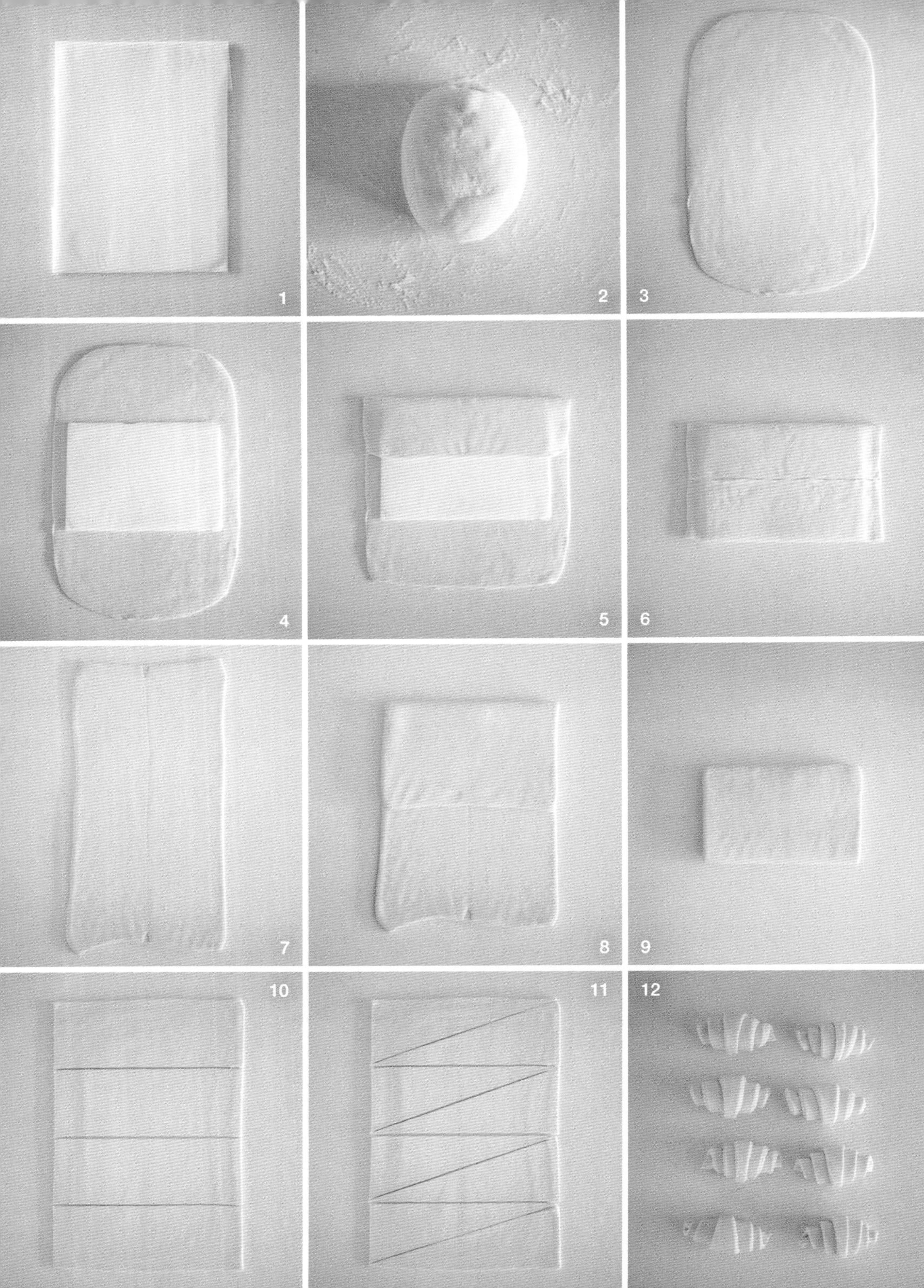
1
2
3
4
5
6
7
8
9
10
11
12

CROISSANT DE MANTEQUILLA DE MISO

RACIONES: 8

TIEMPO ELABORACIÓN: 8 horas

RESTRICCIONES ALIMENTARIAS: vegetariano

INGREDIENTES:

250 g de harina floja
250 de harina de fuerza
50 g de mantequilla pomada
60 g de azúcar
9 g de sal
240 g de leche
20 g de levadura
huevo para pintar
una pizca de sal
200 g de mantequilla de miso (ver receta p. 77) (opcional, puede ser mantequilla normal)

*Si tenéis un robot amasador con el accesorio del gancho, incorporáis todos los ingredientes y los amasáis durante 15 minutos a velocidad media-baja.

Lo primero que haremos será hacer la mantequilla de miso. Es importante darle forma de lingote y dejarla enfriar para que se vuelva a endurecer. Una vez fría, la pondremos sobre un papel vegetal y la cubriremos con otro. Con un rodillo de panadero, le iremos dando golpecitos para ir aplanándola poco a poco. Tenemos que conseguir (con paciencia y precisión) una placa de unos 20 × 25 cm (foto 1). Dejaremos reposar en nevera para que vuelva a endurecerse mientras hacemos la masa del croissant.

En un bol añadiremos todos los secos (harinas, azúcar y sal) y mezclaremos bien. Disolveremos la levadura en la leche y la añadiremos poco a poco a los ingredientes secos mientras amasamos con la mano. Una vez que todo esté húmedo, añadiremos la mantequilla pomada y amasaremos durante unos 20-25 minutos para desarrollar el gluten.* Boleamos para darle tensión a la masa y dejamos reposar tapada durante 2 horas para que fermente.

Una vez haya casi doblado el tamaño, colocamos la masa sobre una superficie lisa de trabajo (foto 2) y estiramos con un rodillo hasta conseguir una forma rectangular de unos 40 × 25 mm (foto 3). Cuanto más precisos seamos, más fácil será después montar el croissant.

Ponemos la placa de mantequilla en medio de la masa rectangular (foto 4) y la doblamos dejando el borde justo en el centro de la placa de mantequilla (foto 5). Haremos lo mismo con la otra mitad (foto 6). Giramos la masa y la ponemos en vertical. Le damos forma rectangular con un rodillo hasta que tenga unos 7-8 mm de grosor (foto 7). Hacemos un pliegue simple (fotos 8 y 9), envolvemos con papel vegetal y dejamos reposar en nevera 30 minutos para que la masa y la mantequilla se enfríen y podamos trabajarlas mejor. Sacamos y volvemos a estirar como en la foto 7. Haremos dos pliegues simples más (fotos 8 y 9) con sus respectivos reposos en nevera de 30 minutos y sus estirados (foto 7).

Es importante que la masa tenga el mismo grosor en todos lados. Con un cuchillo, cortaremos los 4 bordes para dejarlos completamente rectos. Debería quedarnos un rectángulo de unos 50 × 30 mm, aproximadamente.

Cortamos la placa rectangular en 4 (foto 10) y después en 8 triángulos (foto 11). Los separamos y estiramos un poco con cuidado de no romperlos. Luego los enrollamos desde la base hasta la punta y ejercemos un poco de presión.

Una vez tengamos todos los croissants formados, los colocamos sobre un papel vegetal en una bandeja de horno y los pintamos con un poco de huevo batido con una pizca de sal. Dejamos fermentar dentro del horno durante 2 horas o hasta que doblen su tamaño.

Precalentamos el horno a 190 °C con calor arriba y abajo. Una vez caliente, volvemos a pintar con huevo la superficie de los croissants con cuidado de no quitarles el aire y horneamos durante unos 12-14 minutos. ¡Cada horno es un mundo, así que vigiladlos, no vaya a ser que se os quemen!

Los sacaremos cuando estén bien dorados. Dejamos enfriar en una rejilla y listo.

TIPS: Podéis comprar una mantequilla de calidad en el súper en vez de hacerla desde cero. La dejáis a temperatura ambiente para que sea más trabajable y le añadís el miso. Mezclad hasta tener una mezcla homogénea.

Los reposos en nevera cuando estemos estirando la masa y haciéndole los pliegues son importantísimos, sobre todo en verano, ya que, si trabajamos con altas temperaturas, la mantequilla se puede derretir y no conseguiríamos ese hojaldrado tan maravilloso de los croissants.

MINIHISTORIA

Los croissants son de esas cosas que a veces (os voy a ser totalmente sincera) es mejor comprar en un buen obrador artesano que liarla como la lío yo cuando me da por hacerlos. Pero hay que hacer croissants de mantequilla una vez en la vida. Y os digo una cosa, cuando salen del horno y veis ese hojaldrado maravillo que ha salido de vuestro arte con las manos y ese olorcillo a bollería recién horneada con mantequilla... es la mayor satisfacción del mundo.

MASA DE PIZZA

RACIONES: 1 unidad

TIEMPO ELABORACIÓN: 24 horas + 1 hora para el amasado / 1 día de reposo

RESTRICCIONES ALIMENTARIAS: sin lactosa, vegetariano, vegano

INGREDIENTES:

200 g de harina de fuerza

120 g de agua

5 g de sal

0,5 g de levadura fresca

Disolvemos la levadura en un vaso en el agua a temperatura ambiente. En un bol ponemos la harina y ¾ partes del agua con la levadura. Mezclamos con las manos hasta que el agua se haya absorbido.

Agregamos la sal y el agua restante y amasamos durante 10 minutos hasta que se haya absorbido el agua por completo. Dejamos reposar 5 minutos en el bol tapado.

Pasamos la masa a la mesa y amasamos durante 5 minutos. Tapamos con el bol y dejamos reposar 5 minutos más. Volvemos a repetir la operación una vez más, pero esta vez dejando reposar la masa tapada 15 minutos. La guardamos en un túper con tapa en el frigorífico hasta el día siguiente para que fermente lentamente.

El día siguiente, antes de poner los ingredientes, estiramos la masa. Con cuidado la sacamos del túper y la disponemos sobre un papel vegetal con un poco de harina en la base. Marcamos los bordes con los dedos y aplanamos el centro con las manos con cuidado de no desgasificar los bordes. Intentad estirarla lo máximo posible por el centro sin romperla.

MANTEQUILLA CASERA

RACIONES: 350-450 g

TIEMPO ELABORACIÓN: 15 minutos

RESTRICCIONES ALIMENTARIAS: vegetariano, gluten free

INGREDIENTES:

1 l de nata

1 l de agua

hielo

Vertemos en un bol toda la nata (foto 1) y con una batidora de mano con varilla (o un robot con accesorio de varilla) empezamos a montarla (foto 2). Si seguimos batiendo cuando la nata ya esté montada (foto 3), llegará un punto en que se formará una parte sólida (la grasa o mantequilla) y una líquida (el suero de la leche) (foto 4).

En ese momento, hacemos una bola con la parte sólida con las manos y la envolvemos con un trapo (foto 5). Apretamos bien para retirar el exceso de suero (foto 6) y llevamos la parte grasa a un bol con agua y hielo para trabajarla (foto 7). Seguimos apretándola para retirarle el poco suero que le pueda quedar.

Pasamos a una superficie de trabajo y le damos golpecitos suaves con la ayuda de unas paletillas de madera (foto 8) para darle una forma rectangular (foto 9). La envolvemos en papel vegetal y la guardamos en frío para consumir cuando queramos.

TIPS: El sabor y calidad de la mantequilla dependerá de la calidad de la nata.

1
2
3
4
5
6
7
8
9

MIS TRES MANTEQUILLAS FAVORITAS

RACIONES: 3 unidades

TIEMPO ELABORACIÓN:
1 hora

RESTRICCIONES ALIMENTARIAS:
mantequilla de miso: gluten free
mantequilla de ajo asado: gluten free, vegetariano
mantequilla de cebollino, anchoa y oliva negra de Aragón: gluten free

INGREDIENTES:
1 l de nata 35 % M. G.
50 g de miso
2 cabezas de ajos grandes
3 anchoas
1 c. s. de olivas de Aragón o kalamata
1 c. c. de cebollino fresco
sal (opcional)

Lo primero que haremos será hacer la mantequilla casera (ver receta p. 74). Una vez hayamos separado la grasa, dividimos la mantequilla en 3 y, aprovechando que está blanda, la mezclamos con los ingredientes que queramos. Yo os dejo mis combinaciones favoritas aquí:

MANTEQUILLA DE MISO

Mezclamos la mantequilla junto con el miso hasta que quede homogénea. Le damos forma de lingote y envolvemos en papel vegetal o metemos en un recipiente y a la nevera.

MANTEQUILLA DE AJO ASADO

Horneamos a 180 °C durante 50 min las cabezas de ajo con un chorrito de AOVE y una pizca de sal envueltas en papel de plata (tipo papillote). Sacamos del horno, dejamos enfriar, cortamos la cabeza de forma transversal y la apretamos para sacar todos los ajos. Deberían salir con facilidad al estar cocinados. Picamos a cuchillo para que nos quede una pasta fina y mezclamos con la mantequilla hasta conseguir una mezcla homogénea.

Damos forma de lingote y envolvemos en papel vegetal o metemos en un recipiente y a la nevera.

MANTEQUILLA DE CEBOLLINO, ANCHOA Y OLIVA NEGRA DE ARAGÓN

Picamos muy finamente tanto la anchoa como la oliva negra y el cebollino. Lo mezclamos todo con la mantequilla, le damos forma de lingote y envolvemos en papel vegetal o metemos en un recipiente y a la nevera.

TIPS: Si queréis saltaros el paso de hacer la mantequilla casera, siempre podéis comprarla sin sal y de calidad, dejarla atemperar hasta que esté blanda, trabajarla y agregarle los ingredientes que queráis para aromatizarla.

c. s. = cucharada sopera
c. c. = cucharadita de café

SNACKS

GILDAS SUREÑAS

RACIONES: 10-15 unidades

TIEMPO ELABORACIÓN:
24 horas de congelación
+ 2 horas

RESTRICCIONES ALIMENTARIAS: sin lactosa, gluten free

INGREDIENTES:

250 g de lomo rojo de atún de almadraba

250 g de queso semicurado de cabra

piparras encurtidas

aceitunas manzanilla sin hueso

½ kg de sal gorda marina

300 g de AOVE

Lo primero que haremos es semicurar el lomo de atún. Es muy importante que sea un atún de calidad (para mí es el mejor del mundo es el de la almadraba de mi tierra, en Barbate). Congelamos la pieza de atún al menos 24 horas para evitar el anisakis. Cuando vayamos a elaborarlo, lo descongelamos y cortamos en cubos de 1,5 cm. En una bandeja con fondo, ponemos una capa de sal marina gorda en la base y disponemos los tacos de atún dejando espacio entre ellos. Cubrimos de sal y dejamos curar 1 hora aproximadamente.

Mientras tanto cortamos el queso en cubos de 1 cm. Reservamos. Cortamos las piparras en 2 o 3 trozos según lo grandes que sean. Reservamos.

Una vez tengamos el atún semicurado (nos interesa que esté jugosito por el centro), retiramos la sal y lo limpiamos con un poco de agua debajo del grifo.

Montamos las gildas: en un palillo, pinchamos una aceituna, un trozo de piparra (o dos, según lo picantonas que os gusten), un trozo de atún y uno de queso. Introducimos las gildas en un bote con AOVE (podríais usar un aceite ahumado, que le daría un toque genial, pero si no tenéis, no pasa nada), y lo dejamos unos 30 minutos al menos antes de consumir.

Aguantan más de dos días en nevera siempre que estén completamente cubiertas de aceite.

TIPS: Como tenéis que congelar el lomo de atún, aprovechad el momento de descongelación para cortarlo en cubos perfectos.

Os dejo algunas ideas de ingredientes para hacer variantes de gildas. Todos combinan genial entre sí: anchoas, queso, pepinillo en vinagre, cebollitas francesas encurtidas, piparras, aceitunas manzanilla, atún semicurado, boquerón en vinagre.

PAN, BOQUERÓN, MISO

RACIONES: 1 unidad

TIEMPO ELABORACIÓN: 15 minutos

RESTRICCIONES ALIMENTARIAS: N/A

INGREDIENTES:

pan de masa madre (ver receta p. 61)

mantequilla de miso (ver receta p. 77)

boquerón en vinagre casero (ver receta p. 249)

Es una receta ideal para preparar un entrante frío en casa para comérselo en dos bocados.

Cortamos el pan en forma rectangular, le ponemos una fina capa de mantequilla de miso y lo planchamos por las dos caras a fuego medio-bajo en la sartén. Queremos una tosta crujiente y dorada por fuera y jugosa por dentro. Reservamos y dejamos que enfríe un poco.

Luego, ponemos un poco más de mantequilla de miso solo por una de las caras y, encima, un boquerón en vinagre (o dos).

¡Aperitivazo!

TIPS: ¡Ojo! Hacer esta misma tosta y añadirle una anchca y hacerla tipo matrimonio con mantequilla de miso... tampoco está NADA MAL.

Si no tenéis mantequilla de miso, podéis hacerla con mantequilla normal (eso sí, siempre de calidad).

MINIHISTORIA

Esta elaboración es supersencilla. Queda un bocado la mar de especial y diferente. Recuerdo el día que me dio por juntar las 3 cosas que tenía en la nevera y flipar de lo rico que estaba: boquerones en vinagre de mi tía Eleni, la mantequilla de miso que la tenía hecha de hacía tiempo y el pan de masa madre que siempre tengo congelado. Acierto asegurado ;).

MUHAMARA

RACIONES: 3-4

TIEMPO ELABORACIÓN: 35 minutos

RESTRICCIONES ALIMENTARIAS: vegano, vegetariano, sin lactosa

INGREDIENTES:

3 pimientos rojos grandes
50 g de nueces
3 c. s. de sirope de miel
2 c. s. de AOVE
2 dientes de ajo pelados
½ lima exprimida
1 c. c. de comino
1 c. c. de copos de chile (o pimentón picante)
3 c. s. de pan rallado
sal al gusto
perejil picado
AOVE para terminar

Precalentamos el horno a 230 °C (o a máxima temperatura) y tostamos los pimientos rojos por todas sus caras con un poquito de aceite durante 15 minutos. No os asustéis porque se os pondrán negros por algunas partes, pero cuando lo peléis, quedarán perfectos, y así conseguiremos tener ese aroma tostado que le quedará genial a la receta.

Una vez estén hechos, los envolveremos en papel de aluminio mientras siguen calientes y dejaremos que bajen de temperatura envueltos. De esta manera, será más fácil pelarlos.

Una vez templados (no fríos), les retiramos la piel y las pepitas y los metemos en un procesador de alimentos (o vaso de batidora) bien escurridos de líquido. Reservamos el líquido.

Añadimos el resto de los ingredientes, menos el aceite, y trituramos hasta conseguir una pasta lisa y homogénea de un color naranja intenso. Vamos añadiendo a chorro fino el aceite. Debería quedarnos una textura densa.

Terminar con otro chorrito de AOVE, perejil picado y nueces.

Si es temporada de granadas, no dudéis en ponerle un poco, porque ¡le queda súper!

TIPS: Si veis que la mezcla está muy líquida, podéis añadirle más pan rallado. Si, por el contrario, está algo densa, podéis añadirle poco a poco el jugo que ha soltado el pimiento al hornearlo.

TZATZIKI

RACIONES: 3-4

TIEMPO ELABORACIÓN: 30 minutos

RESTRICCIONES ALIMENTARIAS: vegano, vegetariano, sin lactosa, gluten free

INGREDIENTES:

2 pepinos
400 g de yogur griego
1 diente de ajo
zumo de ½ lima
2 c. s. de menta fresca
2 c. s. de eneldo fresco
sal
sumac (opcional)
AOVE

Cortamos los pepinos de manera transversal y les quitamos las pepitas con ayuda de una cuchara sopera. Rallamos con un rallador grueso y, con las manos, exprimiremos toda el agua que podamos apretando bien fuerte. Reservamos.

Pelamos el diente de ajo y lo rallamos finamente. Picamos las hierbas frescas y reservamos.

En un bol vertemos el yogur griego, el zumo de lima exprimido, las hierbas frescas, el pepino bien escurrido, el ajo rallado y ponemos a punto de sal.

Emplatamos en un bol con suficiente capacidad y terminamos espolvoreando sumac, un buen chorro de AOVE y ramitas de eneldo para decorar.

TIPS: Se puede consumir como dip fresquito para el verano acompañado de crudités (bastones de zanahoria, pepino, apio, pimiento rojo…), aunque yo la uso muchísimo como salsa para acompañar otras elaboraciones.

El sumac es opcional. Es una especia que se usa mucho en la cocina árabe, con toques ácidos e intensos. Muchas veces se utiliza como sustituto del vinagre o el limón para aliños en ensaladas, por ejemplo.

Yo normalmente lo guardo en nevera en mangas pasteleras, así me dura mucho más.

MINIHISTORIA

Desde que viajé a Grecia hace ya unos años con mi madre y probé el tzatziki, no he parado de hacerlo y tenerlo en la nevera siempre. Queda bien con mil cosas, no solo como dip, sino como salsa para acompañar bocados de brioches con guisos (mi combo favorita), para kebabs o gyros caseros…

HUMMUS DE JUDÍA BLANCA

RACIONES: 3

TIEMPO ELABORACIÓN: 15 minutos

RESTRICCIONES ALIMENTARIAS: vegetariano, vegano, gluten free, sin lactosa

INGREDIENTES:

350 g de judía blanca (en conserva)
1 diente de ajo
3 c.s. de tahini
50 g AOVE
zumo de ½ limón
sal
pimienta negra al gusto
perejil fresco
za'atar
piñones
AOVE

Lo primero que haremos será escurrir bien las judías blancas, pelar el diente de ajo y quitarle el germen.

Incorporamos todos los ingredientes menos el aceite en un procesador de alimentos o en un vaso de batidora y trituramos hasta conseguir una crema homogénea y lisa. Probamos y rectificamos de sal o zumo de limón si es necesario.

Añadimos a chorro fino el aceite para ir emulsionando la mezcla y darle una textura superligera.

Servimos en un bol con suficiente fondo y dejamos reposar un rato en nevera para que se asiente todo. Terminamos el plato con perejil fresco picado, za'atar espolvoreado, piñones tostados y un chorro de aceite.

TIPS: Si veis que os queda algo densa, podéis añadirle un poco de agua.

Podéis sustituir los piñones (que están muy caros, lo sabemos), por almendra laminada tostada o anacardos.

MINIHISTORIA

Además de comerlo como plato entrante frío tipo dip, yo suelo usarlo también cuando hago kebabs caseros en casa.

MEJILLÓN EN ESCABECHE Y CHIPS CASERAS

TIEMPO ELABORACIÓN: 50 minutos

RESTRICCIONES ALIMENTARIAS: sin lactosa, gluten free

INGREDIENTES:

1 kg de mejillones
1 diente de ajo
1 c. c. de pimentón dulce de la Vera
10 granos de pimienta negra
chile rojo al gusto (opcional)
1 hoja de laurel
100 ml de vinagre de manzana
100 ml de agua de mejillones
100 ml de vino blanco
sal
aceite de oliva para freír suave
1 patata agria grande

TIPS: Para conseguir unos mejillones supergorditos y jugosos, es muy importante darles una cocción muy leve a la hora de abrirlos, ya que cuando incorporemos el líquido del encurtido en caliente, se terminarán de cocinar.

Limpiamos las barbas de los mejillones y los dejaremos en agua con un puñado de sal marina durante al menos 30 minutos para que suelten cualquier impureza o arenilla que puedan tener. Pelamos, quitamos el germen al diente de ajo y picamos en láminas finas. Reservamos.

Limpiamos la piel de la patata con agua y la cortamos lo más finamente posible con una mandolina si tenéis. Lavamos para retirar todo el almidón. Reservamos.

En una olla a fuego medio-alto, echamos los mejillones bien escurridos y la hoja de laurel. Tapamos la olla y los cocinamos con movimientos suaves y circulares hasta que se abran. Retiramos del fuego, sacamos los mejillones de la olla y dejamos que templen. Colamos el líquido que han soltado y reservamos.

En un cazo a fuego medio, ponemos un chorro de aceite, los ajos laminados, los granos de pimienta negra, el chile rojo cortado en rodajitas finas y la hoja de laurel que hemos usado para cocer los mejillones. Una vez que empiecen a bailar sin que tomen color, añadimos el pimentón dulce y dejamos cocinar unos segundos vigilando que no se nos queme. Añadimos el vino blanco, el vinagre (así cortamos la cocción al pimentón) y el líquido de la cocción de los mejillones, y dejamos unos 6-8 minutos hasta que se evapore un poco el vinagre.

Mientras, sacamos todos los mejillones de sus cáscaras y los pasamos a un bote hermético. Una vez el líquido se haya reducido a ⅔, vertemos en caliente el líquido encurtido sobre los mejillones. Cerramos y dejamos que enfríe. Una vez listo, lo guardamos en la nevera.

Escurrimos las patatas en un colador. Ponemos en una olla o sartén aceite para freír y dejamos que tome temperatura. Freímos en tandas a 180 °C. Cuando estén fritas, las sacamos, las salamos y las dejamos escurrir en papel absorbente.

Unas chips caseras y un mejillones caseros encurtidos. *Best* bocado *ever*.

CHICHARRONES DE CHICLANA

TIEMPO ELABORACIÓN:
8 horas de preelaboración
+ 2 horas de cocinado

RESTRICCIONES ALIMENTARIAS: sin lactosa, gluten free

INGREDIENTES:

500 g de papada de cerdo
500 g de panceta de cerdo
1 kg de manteca de cerdo
1 vaso de agua
10 dientes de ajo
4 pimientos ñora
2 c. s. de orégano
1 hoja de laurel
20 g de sal
2 c. s. de pimentón dulce de la Vera

Lo primero que vamos a hacer es preparar el adobo. Quitamos el rabito y las pepitas de las ñoras y las rehidratamos en un bol con agua hirviendo durante 10 minutos. En un vaso de batidora, ponemos las ñoras, los dientes de ajo con piel, el laurel, el orégano y trituramos hasta conseguir una buena picada.

Cortamos tanto la panceta (a la que hemos quitado la piel) como la papada en trozos de 4 cm aprox, las ponemos en un bol junto con el adobo y la sal y mezclamos muy bien. Dejamos reposar en nevera tapado toda la noche.

Al día siguiente ponemos en una olla la manteca de cerdo, el vaso de agua y las carnes adobadas, encendemos el fuego y cocinamos durante 1 hora o 1:30 horas a fuego medio.

Al principio la carne empezará a cocerse gracias al agua, pero una vez que esta se haya evaporado, las carnes empezarán a freírse y a tomar color. Los chicharrones estarán listos cuando tengan un color dorado oscuro. Apagamos el fuego, dejamos que baje un poquito la temperatura y añadimos el pimentón dulce de la Vera. Mezclamos bien.

Sacamos la carne y la dejamos escurrir sobre papel absorbente.

¿Lo más importante de la receta? Comerlos bien calentitos.

MINIHISTORIA

De mis cosas más favoritas del mercado de Chiclana. Siempre que vuelvo a casa, lo primero que hago es ir a la carnicería Castillo a comprarme un buen «puñao» de chicharrones. Además, tuve la sinvergonzonería de preguntarles cómo los hacían, porque para mí son, sin lugar a dudas, los mejores. Antonio, que es más majo que qué, me contó cómo los preparan, así que aquí os los traigo, pero a mi manera.

c. s. = cucharada sopera
c. c. = cucharadita de café

PLATILLOS

PATATAS BRAVAS ESPECIADAS

RACIONES: 1 para compartir

TIEMPO ELABORACIÓN:
1 hora 30 minutos

RESTRICCIONES ALIMENTARIAS: gluten free, vegetariano

INGREDIENTES:

6 patatas agrias pequeñas
aceite de oliva suave para freír
cebollino fresco

Para la salsa brava:

700 g de tomate pera
1 cebolla dulce mediana
2 dientes de ajo
2-3 cayenas (según os guste de picante)
1 c. c. de pimentón picante
½ c. s. de miel
2 c. s. de vinagre balsámico
1 c. c. de canela en polvo
un chorrito de AOVE
sal

Para la ajolactonesa:

150 g de leche entera
6 dientes de ajo
aceite de girasol (cantidad suficiente)
sal

Para la salsa brava, en una sartén con AOVE a fuego medio-bajo cocinamos la cebolla y los ajos en brunoise hasta caramelizar. Añadimos las cayenas, el pimentón picante y la canela en polvo y cocinamos un minuto, con cuidado de que no se nos queme. Incorporamos el tomate rallado, el vinagre balsámico, la miel y la sal, y cocinamos a fuego medio hasta que el tomate haya perdido casi toda el agua y tengamos una salsa espesa. Rectificamos de picante o sal si es necesario. Reservamos.

Para la ajolactonesa, añadimos la leche entera y los dientes de ajo pelados y sin germen en un vaso de batidora. Calentamos en el microondas durante un minuto, de esta manera, los ajos se cocerán un poco y perderán parte del sabor fuerte. Dejamos que baje la temperatura, añadimos la sal y trituramos. Agregamos el aceite de girasol a chorro fino sin parar de batir hasta conseguir la consistencia deseada. Cuanto más aceite, más espeso. Reservamos tapado.

Para preparar las patatas bravas, las cortamos en trozos de bocado con la piel y las limpiamos bien con agua. Las dejamos escurrir en un colador y las freímos en abundante aceite a 180 °C. A mí, personalmente, me gusta hacerle una doble fritura. Primero blanqueamos las patatas sin que tomen color para que queden bien melosas por el centro (a fuego medio), las sacamos a un papel absorbente y las rompemos un poco con un tenedor. Después, hacemos una segunda fritura a fuego fuerte para terminar de dorarlas y que queden supercrujientes. Las sacamos y dejamos escurrir sobre papel absorbente.

Ponemos los gajos de patata en un bol, la salsa brava encima junto con la ajolactonesa y terminamos con cebollino fresco picado.

TOSTA DE PICADILLO, OLIVADA Y SARDINA

RACIONES: 5

TIEMPO ELABORACIÓN: 40 minutos

RESTRICCIONES ALIMENTARIAS: sin lactosa

INGREDIENTES:

5 sardinas frescas
3 tomates pera
½ pimiento italiano
½ cebolla morada
paté de aceitunas
AOVE
sal
vinagre de Jerez
5 rebanadas de pan tipo rústico

Vamos a cortar 5 rebanadas de pan rústico de 1,5 cm de grosor en diagonal para hacerlas más alargadas. Reservamos.

Precalentamos el horno a 200 °C con calor arriba y abajo. Mientras tanto limpiamos las sardinas, les quitamos la cabeza, sacamos las tripas y pasamos por un chorrito de agua para retirar toda la suciedad (también podéis pedirle a vuestro pescadero/a que lo haga por vosotros). Ponemos todas las sardinas sobre una bandeja de horno con papel vegetal, las pintamos con un poco de aceite por los dos lados y espolvoreamos una pizca de sal. Horneamos durante unos 15 minutos (según el tamaño). Comprobaremos que están hechas cuando se despeguen con facilidad de la espina.

En una rejilla de horno ponemos las rebanadas con un chorrito de aceite a tostar. Las sacaremos cuando estén listas y reservamos.

Mientras tenemos las sardinas en el horno, prepararemos lo que en Chiclana llamamos el picadillo, que no es más que tomate pera, pimiento italiano verde y cebolla, todo picado en brunoise y aliñados con AOVE, vinagre y sal al gusto. Reservamos.

Montamos las tostas: ponemos una base de olivada (o paté de aceitunas), el picadillo encima y los dos lomos de una sardina a la brasa desespinada. Terminamos con un poquito de sal sobre las escamas.

TIPS: La receta está hecha para poder hacerla en casa en el horno, pero si tenéis la suerte de tener una barbacoa, lo ideal es hacer tanto las sardinas como el pan a la brasa.

PASTELA MARROQUÍ DE POLLO

RACIONES: 4

TIEMPO ELABORACIÓN:
1 hora 30 minutos

RESTRICCIONES ALIMENTARIAS: sin lactosa

INGREDIENTES:

- ½ pollo (pechuga, contramuslo, muslo, alita)
- ½ l de caldo de pollo
- 2 cebollas medianas
- 1 diente de ajo
- 1 rama de canela
- ½ c. s. de comino molido
- 1 c. s. de cúrcuma
- 1 c. s. de jengibre en polvo
- 1 hoja de laurel
- 20 g de mantequilla sin sal
- 30 g de perejil fresco
- 30 g de cilantro fresco
- 3 huevos tamaño M
- 1 c. s. de miel
- AOVE
- sal
- pimienta negra recién molida
- 60 g de almendra tostada
- 1 c. s. de azúcar glas
- 1 c. c. de canela molida
- 6-8 hojas de pasta filo
- 40 g de mantequilla derretida
- canela y azúcar glas para espolvorear

En una olla con un poco de aceite doraremos los diferentes trozos de pollo a fuego medio-alto. Una vez dorado, lo sacamos y lo reservamos.

En la misma olla añadiremos las cebollas dulces picadas muy finas, el diente de ajo rallado y una pizca de sal. Cocinamos a fuego medio hasta que la cebolla esté caramelizada (unos 20 minutos). Bajaremos el fuego y añadiremos las especias: la rama de canela, la cúrcuma, el comino y el jengibre en polvo junto con la mantequilla y la hoja de laurel. Cocinamos un minuto para perfumar.

Volvemos a añadir los trozos de pollo a la cazuela y cocinamos otro minuto para integrar todos los sabores. Añadimos el caldo de pollo y dejamos cocinar tapado durante 30 minutos aproximadamente a fuego bajo.

Mientras, vamos a preparar la otra parte de la receta. Tostamos las almendras al horno (o a la sartén), con cuidado de que no se quemen. Las dejamos enfriar a temperatura ambiente y las ponemos en un procesador de alimentos o vaso de batidora junto con una cucharadita de canela y una sopera de azúcar glas. Trituramos dejando algunos tropezones de almendra. Reservamos.

Una vez hecho el pollo, lo sacaremos de la olla y dejaremos enfriar para desmenuzarlo posteriormente con las manos. Añadimos las hierbas frescas picadas (perejil y cilantro) y reducimos a ⅓ el líquido que queda en la olla. Batimos los huevos y los añadimos poco a poco sin parar de remover y con el fuego bajo para que vayan cociéndose despacio. El punto perfecto del huevo es que queden jugosos, cocinados, pero no del todo cuajados. Sacamos del fuego y reservamos en un recipiente hasta que enfríen.

Desmenuzamos el pollo, añadimos la miel y salpimentamos. Añadimos el pollo desmenuzado a la mezcla anterior y reservamos.

Ahora vamos a montar la pastela. Engrasamos un molde desmontable de unos 20 cm con mantequilla derretida y colocamos dos hojas de pasta filo superpuestas en la base, dejando bastante masa sobresaliendo del molde (de esta manera podremos cerrarla más tarde). Es importante que queden bien pegaditas al fondo. Pintamos con mantequilla derretida toda la base y ponemos otra hoja de filo más centrada. Rellenamos con el sofrito de huevo y pollo haciendo presión para que no quede aire y terminamos con la capa de almendra tostada.

Iremos cerrando la pastela con los bordes de masa sobrantes. Ponemos una hoja de pasta filo sobre la mesa extendida y pintamos de mantequilla. Volteamos el molde para pasar la pastela a la mesa y cerramos bien con mantequilla. Repetimos la operación y colocamos una hoja de filo sobre la parte de la pastela que no es lisa y ponemos una última capa de pasta untada con mantequilla para cerrarla bien y asegurarnos de que no se escape nada. Pintamos toda la superficie con mantequilla derretida y colocamos sobre una bandeja de horno con papel vegetal.

Precalentamos el horno a 190 °C y horneamos durante unos 30 minutos con calor arriba y abajo. Debe quedar toda la superficie dorada. Dejamos enfriar sobre una rejilla a temperatura ambiente.

Terminamos espolvoreando canela y azúcar glas con ayuda de un colador por la superficie.

TIPS: Para mí es una receta de cocina de aprovechamiento porque suelo prepararla con la gallina y el pollo que me sobra cuando hago caldos de puchero.

No os preocupéis cuando montéis la pastela porque se os romperán muchas hojas de pasta filo. Al tener tantas capas, no se notará en el resultado final.

MINIHISTORIA

La primera vez que probé esta receta fue en un restaurante de Vejer de la Frontera, El califa. La combinación de sabores por las diferentes especias me pareció un espectáculo. Es un plato dulce-salado muy elegante y superjugoso.

PÂTÉ EN CROÛTE

RACIONES: 10

TIEMPO ELABORACIÓN:
2 horas + una noche

RESTRICCIONES ALIMENTARIAS: N/A

INGREDIENTES:

400 g de panceta de cerdo sin piel

400 g de solomillo de cerdo ibérico

500 g de pasta brisa (2 rollos)

3 huevos

50 g de nata montar 32 % M. G.

8 g de pimienta verde en grano

3 c.c. de sal

pimienta negra recién molida

300 g de *gelée*

15 g de mantequilla

Para la *gelée*:

30 g de hojas de gelatina

300 g de fondo oscuro (ver receta p. 38)

1 l de agua

4 piedras de hielo

Cortamos la panceta a cuchillo en cubos de 1 cm y el solomillo de cerdo ibérico en cubos de 1,5 cm. Ponemos la panceta en un bol y la salpimentamos. Mezclamos masajeando la carne unos 5 minutos. Añadimos el huevo batido, la nata y mezclamos hasta que quede todo homogéneo. Añadimos el solomillo y la pimienta verde y lo mezclamos todo con las manos. Tapamos a piel con film y dejamos reposar en frío.

Engrasamos el molde por todas sus caras con mantequilla y lo forramos con la pasta brisa por todas sus caras. Es importante que sobresalga la masa del borde unos 3 cm para poder cerrar cuando introduzcamos el relleno. Además, debemos cortar una plancha de pasta brisa del tamaño de la superficie del molde, que será la que pongamos sobre el relleno para taparlo. Es muy importante que la pasta brisa quede bien pegada al molde, así que ejercemos presión en las esquinas para marcar bien los ángulos y con cuidado de no romperla.

Vertemos en el molde el relleno de carne, apretando bien para que no quede aire. Dejamos la superficie lo más plana posible y cerramos con los 4 bordes de pasta brisa que sobresalen y la parte superior con el trozo reservado.

Con un descorazonador de manzanas, hacemos un par de agujeros a la masa brisa en la superficie a modo de «chimenea». Pintamos la superficie con huevo y horneamos a 180 °C, desde frío, durante 1 hora aproximadamente o hasta que la temperatura a corazón llegue a 64 °C. Enfriamos a temperatura ambiente, desmoldamos y dejamos reposar en nevera una noche.

Al día siguiente, prepararemos la *gelée*. Hidratamos las láminas de gelatina en un bol con agua fría 5 minutos. En un cazo llevamos el fondo oscuro a hervor. Añadimos la gelatina escurrida y disolvemos con una varilla. Vertemos la *gelée* por los agujeros del paté en croûte y dejamos reposar 1 hora más en nevera para gelificar.

Esta elaboración se toma a temperatura ambiente.

FATTEH DE BERENJENAS

RACIONES: 4

TIEMPO ELABORACIÓN: 40 minutos

RESTRICCIONES ALIMENTARIAS: vegetariano

INGREDIENTES:

1 berenjena grande
AOVE
sal
400 g de garbanzo escurrido
2 panes de pita finos
3 c.s. de AOVE
30 g de piñones
1 c.s. de ghee (ver receta p. 34)
50 g de granada
perejil fresco
sal
200 g de yogur griego
1 diente de ajo
2 c.s. de tahini
leche (si es necesario)
sal

Lo primero que vamos a hacer es cortar la berenjena en cubos de unos 2 cm. Añadimos un chorrito de AOVE y sal y mezclamos todo bien. Colocamos sobre una bandeja de horno con papel vegetal y horneamos a 180 °C durante unos 20 minutos o hasta que estén bien dorados, moviéndolos de vez en cuando para que se cocinen por todas sus caras.

Mientras que la berenjena se va cocinando, vamos a preparar el resto de los ingredientes. Cortamos en trozos irregulares el pan de pita. Ponemos 3 cucharadas de aceite de oliva en una sartén y salteamos el pan hasta que quede crujiente y tostado. Salamos y dejamos reposar sobre papel absorbente. En la misma sartén vertemos una cuchara de ghee y salteamos los piñones hasta que se tuesten. Reservamos.

Escurrimos los garbanzos y los lavamos. Los pondremos en un cazo con agua a fuego medio durante unos 5 minutos para que tomen temperatura. Reservamos en el agua caliente.

Picamos el perejil fino y abrimos la granada para sacar las semillas. Reservamos.

Preparamos la salsa. En un bol vertemos el yogur, el ajo pelado y rallado muy fino, el tahini y la sal. Si queda muy espeso, podéis aligerarlo con un poco de leche. Mezclamos bien y reservamos.

Una vez que tengamos la berenjena en su punto, montaremos el plato, que irá por capas. En un plato o bol hondo, pondremos los garbanzos escurridos, el pan de pita frito, la berenjena asada y encima la salsa de yogur. Terminamos el plato con los piñones, la granada y el perejil picado.

TIPS: Podéis usar la airfryer para cocinar la berenjena. Lo bueno que tiene para este tipo de elaboraciones es que es más rápida que el horno y suele dejar un tostado más homogéneo.

DUMPLING DE PRINGÁ

RACIONES: 20

TIEMPO ELABORACIÓN: 1 hora

RESTRICCIONES ALIMENTARIAS: sin lactosa

INGREDIENTES:

200 g de pringá gaditana aproximadamente (ver receta p. 246)

20 obleas para dumplings

500 ml de fondo oscuro (ver receta p. 38) o 100 g de *demi-glace*

20 g de cebolla encurtida (ver receta p. 46)

menta fresca

Ponemos unos 15-20 g aproximadamente de pringá en el centro de la masa de dumpling. Mojamos los bordes con agua con ayuda de nuestros dedos para ayudar a sellar. Doblamos la oblea por la mitad para darle forma como de media luna y hacemos presión justo en el medio por la zona del borde. Es ahí cuando le haremos 3 pliegues hacia la parte de la derecha y 3 pliegues en la zona de la izquierda.

Dejamos los dumplings terminados envueltos en un trapo. Una vez los tengamos todos, preparamos la vaporera para cocinarlos. Si tenéis las típicas de bambú chinas, genial, sino podéis hacer una casera con una olla con agua, un colador, papel vegetal en la base del colador y la tapa de la olla.

Ponemos una olla de un diámetro algo menor que el de la vaporera con agua hasta la mitad a fuego medio y esperamos que rompa a hervir. Mientras, cortamos papel vegetal del diámetro de la vaporera de bambú en todos sus niveles para evitar que se nos peguen los dumpligs. Colocamos los dumplings en cada nivel (los que quepan y si no, los hacemos por tandas) sin que se toquen entre ellos y ponemos la vaporera encima de la olla con el agua hirviendo. Tapamos la vaporera y dejamos cocinar durante unos 12 minutos. La masa se volverá algo transparente.

Para hacer la *demi-glace* (que es una salsa del jugo de carne superreducido), ponemos en una olla el fondo oscuro y dejamos que reduzca casi a 2/10 hasta obtener una glasa. Picamos la cebolla encurtida y deshojamos la menta.

Ponemos sobre cada dumpling una hojita de menta y la cebolla encurtida y terminamos con la *demi-glace*.

SALMÓN, MOSTAZA Y ENELDO SOBRE TOSTA

RACIONES: 4

TIEMPO ELABORACIÓN:
8 horas para la preparación + 30 minutos para el cocinado

RESTRICCIONES ALIMENTARIAS: N/A

INGREDIENTES:

Para el salmón marinado:

400 g de lomo de salmón fresco
400 g de sal marina gorda
200 g de azúcar
10 g de pimienta negra
3 c. s. de eneldo fresco picado
1 c. s. de mostaza

Para la salsa:

4 c. s. de mostaza de Dijon
1 c. s. de miel
1 c. s. de azúcar blanco
1 pizca de sal
1 c. s. de eneldo fresco
1 c. s. de vinagre de Jerez
100 g de AOVE para emulsionar

4 rebanadas de pan de masa madre (ver receta p. 61)
150 g de rulo de cabra
mantequilla sin sal

Preparamos el salmón. Comprobamos que no tenga espinas y si las tiene, se las sacamos. Con ayuda de un pincel pintamos la parte de la carne con mostaza y espolvoreamos una buena capa de eneldo fresco. Ejercemos un poco de presión para que quede bien pegado. Reservamos.

En un bol vertemos el azúcar, la sal marina gorda y la pimienta negra. Mezclamos todo bien y ponemos la mitad en la base de una fuente grande para colocar la pieza de salmón con la piel tocando la base y cubrimos con el resto de la salmuera. Cubrimos todo con papel film y le ponemos peso encima para ayudar a la curación (yo le suelo poner un tetrabrik de leche). Lo metemos en la nevera y dejamos reposar durante la noche o mínimo unas 8 horas.

Al día siguiente, sacamos el lomo de la salmuera. Veréis que está todo húmedo y que ha perdido gran cantidad de su agua. Limpiamos con un chorrito de agua el exceso de sal y azúcar y reservamos en papel absorbente.

Vamos a preparar la salsa. En un bol añadimos todos los ingredientes menos el AOVE y los mezclamos bien con una varilla hasta conseguir que el azúcar se haya disuelto. Emulsionamos mientras incorporamos el AOVE a chorro fino sin parar de remover hasta que la salsa espese. Reservamos.

Cortamos 4 rebanadas de pan de masa madre. Pintamos una sartén con mantequilla y las tostamos por las dos caras a fuego medio. Picamos el rulo de cabra y reservamos. Cortamos láminas finas de salmón marinado con un cuchillo alargado y reservamos.

Montamos la tosta. Ponemos el rulo de cabra desmenuzado en la base, las lonchas de salmón y terminamos con un poco de salsa de mostaza y ramitas de eneldo fresco si tenéis.

LA CÉSAR BY LO

RACIONES: 4

TIEMPO ELABORACIÓN: 30 minutos

RESTRICCIONES ALIMENTARIAS: N/A

INGREDIENTES:

Para la salsa César:

1 huevo tamaño L

150 ml de aceite de girasol

1 diente de ajo

3 filetes de anchoa

1 c.s. de salsa Perrins

1 c.s. de mostaza de Dijon

zumo de ½ limón

40 g de queso parmesano

sal

Para los cogollos:

4 cogollos de lechuga

1 c.s. de mantequilla sin sal

picatostes caseros (ver receta p. 37)

lascas de parmesano

Para la salsa lo primero que haremos será una mayonesa. En un vaso de batidora, cascamos el huevo, incorporamos la mostaza, los filetes de anchoa, el diente de ajo pelado sin germen, el zumo de limón, la salsa Perrins, la sal y el aceite. Trituramos con la batidora pegada al fondo y, una vez que empiece a crearse la emulsión, vamos subiendo poco a poco hasta conseguir que la mezcla esté completamente emulsionada. Si veis que os queda demasiado líquida, añadidle un poco de aceite a hilo fino mientras que seguís triturando con la batidora hasta conseguir la densidad deseada. Añadimos el parmesano rallado finamente y volvemos a triturar. Probamos y rectificamos de sal y de zumo de limón si es necesario. Reservamos.

Cortamos los cogollos en 4 a lo largo. Tendremos 16 unidades. En una sartén tipo parrilla, ponemos un poco de mantequilla y dejamos derretir por toda la superficie. Planchamos todos los cogollos por las dos caras lisas. Una vez adquieran un color dorado, retiramos de la parrilla y reservamos.

Cortamos lascas de parmesano. Una manera supersencilla de conseguirlas es usando un pelador. Reservamos.

En un plato o fuente grande, ponemos todos los cogollos, vertemos salsa César por encima y terminamos con los picatostes y las lascas de parmesano.

TIPS: Si se os corta la salsa, podéis recuperarla (con mucha paciencia) con un huevo más. Cascadlo en un vaso de batidora limpio y añadid ¼ de la salsa cortada, triturad con una batidora desde el fondo y cuando vaya formándose la emulsión, verted a chorro fino el resto de la mezcla cortada sin parar de batir. Volvéis a corregir de sabor y ¡listo!

Podéis guardar la salsa César que os sobre en un bote hermético durante 1 semana en el frigorífico.

TORTILLITA DE CAMARONES 2.0

RACIONES: 10-12

TIEMPO ELABORACIÓN:
1 hora 30 minutos

RESTRICCIONES ALIMENTARIAS: sin lactosa

INGREDIENTES:

Para las tortillitas:

100-120 g de camarones de la Isla
90 g de harina de trigo
70 g de harina de garbanzo
240 ml de agua fría
½ cebolleta dulce
1 chorrito de cerveza
2 c. s. de perejil fresco
sal al gusto
aceite de oliva suave para freír

Para el tartar de atún:

300 g de lomo de atún de Barbate
1 c. s. de aceite de sésamo
2 c. s. de salsa de soja
sal

Para la mayonesa de sriracha:

1 huevo
200 ml de aceite de girasol
2 c. s. de salsa sriracha
1 chorrito de zumo de limón
sal al gusto

cebolla morada encurtida (ver receta p. 46)

Para preparar la masa para los camarones, vamos a poner en un bol las harinas y el agua fría y lo mezclamos todo bien con ayuda de una varilla. Picamos la cebolleta en brunoise (muy fina) y el perejil, y lo añadimos a la mezcla. Vertemos un chorro de cerveza y la sal y comprobamos la consistencia. Debe quedar fluida, pero con cuerpo. No puede estar muy densa.

Picaremos el lomo de atún en dados de ½ cm. Ponemos el atún en un bol y aliñamos con el aceite de sésamo, la salsa de soja y una pizca de sal. Reservamos.

Para la mayonesa de sriracha, ponemos en un vaso de batidora todos los ingredientes y emulsionamos desde la base hasta arriba. En este caso nos interesa obtener una salsa ligera. Reservamos.

Añadimos los camarones a la mezcla de las harinas y unificamos bien. En una sartén con bastante aceite de oliva, vamos friendo las tortillitas de camarones. Yo vierto una cuchara sopera grande de masa en la sartén con el aceite bien caliente (a unos 180 °C). Extiendo la masa antes de que se fría con mucho cuidado para que queden una tortillitas grandes y ligeras. Dejamos freír por una cara y le damos la vuelta con unas pinzas para que se termine de hacer por la otra. Deben quedar con un tono dorado. Reservamos sobre papel absorbente.

Montamos la tortillita de camarones con una cucharada de tartar de atún aliñado, mayonesa de sriracha por encima y cebolla encurtida morada.

TIPS: Es complicado encontrar los camarones pequeñitos fuera de la provincia de Cádiz, así que podéis preparar las tortillitas con gambitas pequeñas picadas.

TARTAR DE ATÚN CON HUEVO PUNTILLA

RACIONES: 2

TIEMPO ELABORACIÓN: 30 minutos

RESTRICCIONES ALIMENTARIAS: gluten free, sin lactosa

INGREDIENTES:

240 g de atún rojo de almadraba
1 c.s .de aceite de sésamo
2,5 c.s. de salsa de soja
½ c.c. de pasta de wasabi
1 c.c. de shichimi togarashi
sal
3 huevos tamaño L
aceite de oliva

Lo primero que haremos cuando compremos pescado fresco y queramos hacer elaboraciones en crudo será congelar la pieza tapada a piel con papel film durante al menos 24 horas para evitar el anisakis.

Descongelamos el lomo de atún y lo cortamos en cubos de ½ cm aproximadamente. Lo ponemos en un bol y añadimos la salsa de soja, el aceite de sésamo, la pasta de wasabi, el shichimi togarashi y una pizca de sal. Mezclamos bien, tapamos a piel con film y dejamos reposar en la nevera mientras que preparamos los huevos fritos.

En una sartén, ponemos 4-5 cucharadas soperas de aceite y cuando esté bien caliente, a unos 180 °C aproximadamente, cascamos los 3 huevos. Los cocinamos hasta que la clara esté cocida y le salga puntilla. Yo me ayudo de una cuchara sopera y voy regando con el aceite caliente sobre la clara para ayudar a que se forme.

Ponemos el tartar de atún de base en un plato y terminamos con los 3 huevos fritos con puntilla encima. Rompemos los huevos, mezclamos la yema, la clara y el tartar, ¡y a disfrutar!

TIPS: Si queréis que el tartar os salga con un corte perfecto, como de chef japonés, el mejor truquillo es cortar los cubos cuando el atún aún esté semicongelado.

El shichimi togarashi es una mezcla de especias japonesas que contiene chiles secos, cáscara de mandarina, nori, sésamo negro, sésamo blanco… Lo podéis encontrar en tiendas asiáticas.

TACO 2.0

RACIONES: 5

TIEMPO ELABORACIÓN:
50 minutos

RESTRICCIONES ALIMENTARIAS: gluten free, sin lactosa

INGREDIENTES:

Para la marinada de pollo:

300 g de contramuslo de pollo
30 g de AOVE
ralladura de ½ lima
zumo de ½ lima
1 diente de ajo
¼ c.c. de comino en polvo
½ c.c. de pimentón de la Vera
½ c.c. de cebolla en polvo
½ c.c. de harissa (o chili powder)
½ c.c. de orégano seco
sal
pimienta negra recién molida

Para el guacamole:

1 aguacate maduro
1 c.s. de tomate pera sin pepitas picado
1 c.s. de cebolla morada picada
½ c.s. de cilantro fresco picado
zumo de ½ lima
tabasco al gusto (opcional)
sal al gusto

Para las tostas:

cebolla morada encurtida al gusto (ver receta p. 46)
60-70 g de queso parmesano

Cortamos los contramuslos de pollo deshuesados en dados de unos 2 cm y los metemos en un bol.

Para la marinada, pelamos y rallamos el diente de ajo y lo añadimos junto con el resto de los ingredientes. Mezclamos bien, tapamos a piel con papel film y dejamos reposar en la nevera.

Para el guacamole, cortamos el tomate en cuadraditos de ½ cm retirándole las pepitas, pelamos y cortamos en brunoise la cebolla, picamos el cilantro muy fino y le sacamos toda la carne al aguacate (reservamos el hueso). Metemos todo en un bol y con un tenedor lo chafamos. Aderezamos con zumo de lima, sal y tabasco al gusto y le ponemos el hueso del aguacate que nos ayudará a que no se nos oxide tan rápidamente. Reservamos tapado a piel con film en nevera

Horneamos el pollo aderezado a 200 °C durante unos 20 minutos hasta dorar. Lo sacamos y reservamos.

Para las tostas, rallamos el queso parmesano con rallador fino y en una sartén a fuego medio pondremos montañitas de queso de unos 10-12 gramos. Las esparcimos un poco y dejamos que se vayan derritiendo. Se irá formando una tosta que vamos a sacar cuando veamos que el queso ha soltado toda su grasa y está empezando a tostarse un poco. Le damos forma de taco con cuidado de no quemarnos nada más salir y dejamos que se enfríe para que se endurezca.

Montamos el taco con el pollo dorado, una cuchara de guacamole y terminamos con cebolla encurtida y hojitas de cilantro.

TOMATES VERDES FRITOS BY LO

RACIONES: 1

TIEMPO ELABORACIÓN: 30 minutos

RESTRICCIONES ALIMENTARIAS: vegetariano

INGREDIENTES:

1 tomate verde grande
1 huevo
200 g de panko (o pan rallado)
100 g de harina de trigo
sal
abundante aceite de oliva
40 g de *crème fraîche*
100 g de queso feta
picadillo (ver receta p. 99)
un chorrito de sirope de arce

Lo primero que vamos a hacer es preparar el picadillo. Reservamos. Picamos el queso feta y reservamos.

Limpiamos el tomate, lo secamos bien y lo cortamos en rodajas de 1 cm de grosor, desechando la parte del pedúnculo y la base. Salamos ligeramente, pintamos con un poco de aceite y pasamos por harina, el huevo y el panko. Freímos en abundante aceite (a 180 °C) hasta que el rebozado esté dorado y escurrimos en un papel absorbente.

Montamos un timbal. Para que no se nos mueva del plato, ponemos un poco de *crème fraîche* en la base y colocamos una rodaja de tomate, luego otra capa fina de *crème fraîche* y un poco de queso feta. Repetimos el procedimiento dos veces más.

Terminamos con un poco de picadillo y un chorrito de sirope de arce.

TIPS: Si no encontráis panko (que es un pan rallado japonés más ligero que el de aquí), podéis rebozar con pan rallado de toda la vida.

Si os cuesta encontrar sirope de arce, podéis sustituirlo por un poco de miel.

MINIHISTORIA

Además de ser un peliculón que lleva por nombre el mismo que esta receta, es un plato típico del sur de Estados Unidos. Yo siempre lo hago esos domingos en los que me levanto con todo el tiempo del mundo y preparo un brunch con huevos Benedict, pancakes y los tomates verdes fritos.

COLIFLOR A LA CARBONARA

RACIONES: 3

TIEMPO ELABORACIÓN: 40 minutos

RESTRICCIONES ALIMENTARIAS: gluten free, sin lactosa

INGREDIENTES:

1 coliflor mediana
1 vaso de agua
30 g de mantequilla sin sal
60 g de guanciale

Para la salsa carbonara:

5 yemas de huevo
100 g de parmesano
pimienta negra recién molida
sal
parmesano para rallar

Lo primero que haremos será cortar la coliflor en arbolitos pequeños, intentando que todos tengan el mismo tamaño de bocado. De esta manera, a la hora de cocinarla, el punto de cocción será el mismo.

Preparamos la salsa carbonara. En un bol ponemos las 5 yemas que habremos separado previamente de las claras, el queso parmesano rallado, la sal y la pimienta recién molida. Mezclamos todo bien hasta que se haga una pasta.

En una sartén ponemos el guanciale sin aceite y cocinamos a fuego medio hasta que desgrase y esté un poco dorado. Sacamos y dejamos la grasa que ha soltado.

En la misma sartén, ponemos la mantequilla y, cuando esté derretida y caliente, añadimos la coliflor. Salteamos a fuego medio-alto con un poco de sal y pimienta negra hasta dorarla un poco y añadimos el vaso de agua. Tapamos y dejamos cocinar hasta que esté al dente. Sacamos la coliflor de la sartén y reservamos el líquido sobrante, ya que nos ayudará a emulsionar la salsa.

Añadimos un poco de líquido sobrante al bol con las yemas y el parmesano, y mezclamos todo bien. Con el calor, el queso parmesano se derretirá y obtendremos una salsa homogénea ligera.

En la misma sartén, ponemos una nuez de mantequilla y salteamos la coliflor junto con el guanciale hasta que tome temperatura. Apagamos el fuego y añadimos la salsa carbonara a la sartén. Es muy importante que nada más añadirla, emulsionemos todo con una espátula hasta que empiece a espesar con el calor residual.

Servimos en un bol y rallamos un poco de parmesano extra.

ODA A LA CROQUETA

RACIONES: 20-30

TIEMPO ELABORACIÓN:
2-3 horas

RESTRICCIONES ALIMENTARIAS: no es vegano, no es vegetariano, no es gluten free, no es lactosa free

INGREDIENTES:

90 g de mantequilla

90 g de harina floja

1 l de leche

nuez moscada recién rallada

pimienta negra recién molida

sal

4 hojas de gelatina

300 g de lo que se le quiera meter dentro

2 huevos

150 g de harina floja

300 g de panko (o pan rallado)

Lo primero que haremos será rehidratar la gelatina en un bol con agua con hielo durante 5 minutos como mínimo.

Mientras tanto, en una olla con fondo, ponemos la mantequilla y dejamos derretir a fuego medio. Añadimos la nuez moscada, la pimienta negra y la sal, y cocinamos un minuto para perfumar. Agregamos la harina y la cocinaremos durante unos 3-4 minutos sin parar de remover. Esto es importante para que después no nos quede un sabor a harina cruda.

Ahora añadimos la leche en diferentes tandas. Para que no me salgan grumos, yo lo que hago es añadir ¼ parte del total y mezclarlo bien con ayuda de una varilla hasta obtener una pasta densa y lisa. Luego sigo añadiendo la leche poco a poco sin parar de remover para evitar que salgan grumos.

Una vez esté la leche integrada, cocinamos a fuego medio sin dejar de remover hasta que la masa vaya espesando. Esto sucede por dos motivos: porque se va evaporando la parte líquida de la leche y porque con el calor los almidones de la harina producen un efecto espesante junto con la mantequilla. Cuando la bechamel burbujee, agregamos las hojas de gelatina previamente hidratadas y bien escurridas de agua. Añadimos lo que queramos usar de relleno (ver recetas pp. 126-129) y cocinamos un par de minutos para integrar. Retiramos del fuego y dejamos enfriar a temperatura ambiente en una fuente con bastante superficie, tapada con papel film a piel. Después en nevera hasta que esté bien fría.

Cuando estén frías, sacamos la masa, damos forma de croqueta, pasamos por harina (retirando el exceso), por huevo bien batido con una pizca de sal y terminamos con panko.

Freímos en abundante aceite a 180 °C.

CROQUETAS DE GUISO DE CARRILLERA

INGREDIENTES:

200-300 g de carne de guiso de carrillera

50 g de salsa del guiso de la carrillera

receta base croquetas (p. 125)

Una vez tengamos la bechamel base de la croqueta con la gelatina, añadimos la carne del guiso de la carrillera desmenuzada y la salsa. Mezclamos bien, volvemos a llevar a hervor y dejamos enfriar.

CROQUETAS DE GAMBA ROJA

INGREDIENTES:

200 g de gamba roja o arrocera

fumet de las cabezas de gamba

receta base croquetas (p. 125)

Pelamos las gambas y les quitamos la cabeza. En un cazo, con un chorrito de aceite y a fuego medio-alto, ponemos las cabezas y la cáscara de los cuerpos y estrujamos con ayuda de una espátula para que suelten todos los jugos. Añadimos un vaso de agua y dejamos reducir a la mitad. Trituramos todo con una batidora de mano y pasamos por un colador fino. Reservamos.

Una vez tengamos la bechamel base de la croqueta con la gelatina, añadimos los jugos de las cabezas de las gambas. Volvemos a llevar a hervor y añadimos los cuerpos de las gambas picados fuera de fuego. Dejamos enfriar.

CROQUETAS DE JAMÓN IBÉRICO

INGREDIENTES:

300 g de virutas de jamón ibérico

200 g de grasa de jamón ibérico

receta base croquetas (p. 125)

Antes de empezar a elaborar la bechamel base, ponemos en una sartén a fuego bajo la grasa del jamón ibérico cortada en trozos pequeños y dejamos desgrasar. Colamos la grasa del sólido. Usamos 3-4 cucharadas soperas de la grasa a la hora de preparar la bechamel base, justo cuando ponemos la mantequilla en la sartén. Seguimos el procedimiento de la bechamel base.

Una vez tengamos la bechamel base de la croqueta con la gelatina, añadimos las virutas de jamón. Mezclamos bien, volvemos a llevar a hervor y dejamos enfriar.

CROQUETAS QUESO AZUL, CEBOLLAS CARAMELIZADA Y NUECES

INGREDIENTES:

150 g queso azul

2 c. s. de cebolla caramelizada (ver receta p. 30)

3 c. s. de nueces picadas

receta base croquetas (p. 125)

Una vez tengamos la bechamel base de la croqueta con la gelatina, añadimos la cebolla caramelizada, el queso azul y las nueces picadas. Mezclamos bien, volvemos a llevar a hervor y dejamos enfriar.

CROQUETAS DE POLLO AL CURRY

INGREDIENTES:

200 g de carne de gallina o pollo del puchero sobrante

2 c. s. de pasas sultanas

1 c. s. de cebolla caramelizada (ver receta p. 30)

1 c. s. colmada de curry indio

receta base croquetas (p. 125)

Una vez tengamos la bechamel base de la croqueta con la gelatina, añadimos las pasas sultanas, la cebolla caramelizada, la gallina y/o pollo deshilachado y el curry indio. Mezclamos bien, volvemos a llevar a hervor y dejamos enfriar.

CROQUETAS DE CARNE DE PUCHERO

INGREDIENTES:

200-300 g de carne de ternera del puchero o fondo oscuro que sobre

½ cebolla dulce

receta base croquetas (p. 125)

Lo primero, antes de hacer la bechamel, será caramelizar la cebolla dulce cortada en brunoise con la mantequilla (de la bechamel base) y con una pizca de sal. Añadimos la carne de ternera deshilachada y cocinamos unos minutos para integrar bien. Agregamos la harina y la cocinamos. Seguimos el procedimiento de la bechamel base.

CROQUETAS DE SOBRASADA DE MALLORCA

INGREDIENTES:

250 g de sobrasada de Mallorca

receta base croquetas (p. 125)

Una vez tengamos la bechamel base de la croqueta con la gelatina, añadimos la sobrasada. Mezclamos bien, volvemos a llevar a hervor y dejamos enfriar.

CROQUETAS DE SETAS

INGREDIENTES:

50 g de seta deshidratada (shiitake, variado, boletus...)

1 c.s. de cebolla caramelizada (ver receta p. 30)

receta base croquetas (p. 125)

Antes de preparar la bechamel base, infusionamos durante unos 10 minutos las setas deshidratadas en la leche que usaremos para hacer la croqueta. Colamos, reservamos la leche y picamos finamente las setas. Reservamos.

Hacemos la receta base de la bechamel para la croqueta con la leche que hemos usado para rehidratar las setas. Luego añadimos las setas picadas. Mezclamos bien, volvemos a llevar a hervor y dejamos enfriar.

MINIHISTORIA

¿Qué hay mejor que una croqueta? Pocas cosas. Es una elaboración que no solo está buena se haga de lo que se haga, sino que es una receta de aprovechamiento, de abrir la nevera y coger el trozo de ternera que nos ha sobrado del caldo o ese queso que está medio roquefort, medio reseco que se quedó en la esquina de la nevera y que, en vez de pasar a una vida mejor, lo integramos en una bechamel bien sazonada, la empanamos, la freímos y tendremos un bocado que a poca gente conozco que no les guste (y si alguien te dice que no les gusta, ¡desconfía!).

Ahora, hablando en serio, una croqueta parece una elaboración sencilla, pero para mí siempre ha sido un signo de la buena cocina, porque requiere saber lo que se está haciendo. Mi madre, de pequeña, siempre me decía: «Hay dos cosas que te dicen que un restaurante va a estar bueno: el tipo de pan que sirven y las croquetas» (si las hacen caseras, claro). Y cuánta razón.

Está claro que hay mil formas de hacerlas, así que yo aquí os he enseñado mi croqueta base con las cantidades que uso y mis combinaciones favoritas. Unas serán de reaprovechar posibles sobras de recetas que también aparecen en este libro y otras son de ingredientes que me encantan.

Además, la croqueta puede ser tu mejor aliada cuando estás conociendo a alguien nuevo. En vez de marcaros un Ghost con el barro, un torno, agua y mucha pringue, os marcáis una tarde de bolear croquetas mientras os tomáis una copita de vino. ¿O no?

c. s. = cucharada sopera
c. c. = cucharadita de café

ENTRE MASAS

CROISSANT DE MISO, TARTAR DE ATÚN, KIMCHI

RACIONES: 1

TIEMPO ELABORACIÓN: 20 minutos

RESTRICCIONES ALIMENTARIAS: N/A

INGREDIENTES:

1 croissant con mantequilla de miso casero (ver receta p. 69)

100 g de lomo de atún

1 c.c. de aceite de sésamo

1 c.s. de salsa de soja

una pizca de sal

ralladura de ½ lima

Para la mayonesa de kimchi:

200 g de aceite de girasol

1 huevo tamaño M

1 chorrito de zumo de lima

sal al gusto

2 c.s. de salsa de kimchi (o kimchi casero, ver receta p. 50)

Cortamos el lomo de atún en dados de ½ cm para el tartar. Ponemos en un bol y aliñamos con el aceite de sésamo, la salsa de soja, la pizca de sal y la ralladura de lima. Tapamos a piel con film y dejamos reposar en la nevera para que los sabores se asienten.

Hacemos la mayonesa de kimchi. En un vaso de batidora, cascamos el huevo y añadimos el resto de los ingredientes: el aceite, el chorrito de zumo de lima, la salsa de kimchi y la pizca de sal. Empezamos a batir desde la base con la batidora y cuando se empiece a crear la emulsión, vamos subiendo con cuidado hasta conseguir que todo esté emulsionado. Reservamos.

Cortamos el croissant por la mitad de manera transversal, sin llegar a separarlo del todo. Lo llevamos a la plancha por la parte de dentro hasta que se tueste un poco, rellenamos con el tartar de atún y terminamos con la mayonesa de kimchi y un poco de ralladura de lima.

TIPS: Aunque tenéis la receta del croissant casero al principio del libro, no os voy a obligar a que lo hagáis. Os dejo que compréis uno en un buen obrador, aunque no lleve mantequilla de miso (que he de decir, le da el puntazo).

Para evitar que la mayonesa se os corte al hacerla, es importante que todos los ingredientes estén a la misma temperatura. Si siempre se os corta, podéis hacerla mezclando 4 cucharadas soperas de mayonesa ya preparada con las 2 cucharadas soperas de salsa de kimchi.

Es importante congelar al menos 24 horas la pieza de lomo de atún para evitar el anisakis, ya que lo consumiremos crudo.

EL CUBANO EN MOLLETE DE ANTEQUERA

RACIONES: 1

TIEMPO ELABORACIÓN:
1 hora 30 minutos

RESTRICCIONES ALIMENTARIAS: sin lactosa

INGREDIENTES:

Para el lomo de cerdo:

300 g de cabeza de lomo de cerdo

2 cucharas de AOVE

zumo de ½ naranja

zumo de ½ lima pequeña

1 c.s. de azúcar blanco

2 c.c. de sal

½ c.c. de pimienta negra molida

½ c.c. de pimentón ahumado de la Vera

½ c.c. de comino molido

2 dientes de ajo sin piel

Para el bocadillo:

1 mollete de Antequera

1 c.c. de mantequilla sin sal

1 c.s. de mostaza Dijon

4 lonchas de lacón ahumado

3 pepinos coreanos (ver receta p. 49)

3 lonchas de queso emmental

En un vaso de batidora, metemos todos los ingredientes para el adobo de la carne y trituramos. Embadurnamos la pieza entera de cabeza de lomo y le vamos dando vueltas durante al menos 1 hora para que se empape bien y la carne coja los aromas.

Con el horno precalentado a 220 °C, colocamos la carne en una fuente apta para horno y cocinamos hasta que la temperatura a corazón llegue a unos 64 °C. Para mí es la ideal para que la carne de cerdo quede cocinada, pero al mismo tiempo siga superjugosa. Tardará entre 20-30 minutos. Una vez lista, sacamos del horno, dejamos templar y cortamos en lonchas finas. Reservamos.

Abrimos el mollete de Antequera por la mitad y planchamos en una sartén-parrilla con un poco de mantequilla por la parte de la miga. Ponemos mostaza en ambas caras.

En el pan «base» pondremos las lonchas de lacón ahumado (también podéis poner jamón cocido braseado o ahumado), el pepino coreano cortado en láminas finas, la carne de cerdo adobado fileteada y, por último, el queso emmental.

Planchamos el mollete por las dos caras externas con un poco de mantequilla en la sartén-parrilla ejerciendo presión y *c'est fini!*

TIPS: Podéis preparar la carne la noche anterior y dejarla reposar tapada con film en la nevera. Lo ideal es darle unas 3-4 vueltas para que marine bien.

Si no tenéis pepino coreano en la nevera (deberíais, sin lugar a dudas), podéis comprarlo en conserva.

Veréis que para un bocadillo es mucha carne, por eso yo lo que hago es utilizar una pieza más grande y lo que no uso, lo congelo cortado; así siempre que me quiera hacer un cubanito en casa, tengo fondo de armario y no me llevará tanto tiempo hacer la receta.

TAMAGO SANDO

RACIONES: 2

TIEMPO ELABORACIÓN:
20 minutos

RESTRICCIONES ALIMENTARIAS: vegetariano

INGREDIENTES:

Para el sándwich:

4 rebanadas de pan de molde
1 c.c. de mantequilla pomada
5 huevos
1 c.c. de azúcar blanco
una pizca de sal
una pizca de pimienta negra molida
2 c.s. de mayonesa japonesa casera

Para la mayonesa japonesa:

2 yemas de huevo
10 g de mostaza Dijon
330 g de aceite girasol
una pizca de sal
8 g de azúcar
1 c.c. de glutamato
50 g de vinagre de arroz
un chorrito de limón exprimido

Lo primero que prepararemos serán los huevos cocidos. En una olla con suficiente agua y una vez que haya roto a hervir, ponemos los huevos y dejamos cocinar 10 minutos. Una vez pasado este tiempo, cortamos la cocción en un bol con hielo y agua. Cuando estén fríos, los pelamos y, con ayuda de un tenedor, los aplastamos en un recipiente. Lo ideal es que queden tropezones de clara mezclada con la yema. Reservamos.

Para la mayonesa japonesa, en un vaso de batidora agregamos las dos yemas junto con la cuchara de mostaza, la de sal, el azúcar, la cucharadita de glutamato, el vinagre y el chorrito de limón exprimido. Agregamos la mitad del aceite de girasol y emulsionamos con una túrmix desde abajo primero y luego de arriba abajo muy suavemente. Vamos añadiendo a chorro fino el aceite restante hasta conseguir la consistencia deseada. Corregimos de sal o de cualquier condimento que le pueda faltar. Nos interesa tener una mayonesa bastante densa.

Añadimos a los huevos el resto de los ingredientes: el azúcar, la sal, la pimienta negra molida y un par de cucharadas soperas de la mayonesa casera tipo japonesa. Lo mezclamos todo muy bien. Tiene que quedar una consistencia densa, como de pasta untable, ya que, si está líquida, se desmoronará al montar el sándwich.

Pondremos mantequilla pomada en la cara interior de los panes de molde y rellenaremos con la pasta de huevo. No os quedéis cortos, la idea es que queden con bastante relleno. Yo les pongo un poco de peso (una fuente de cerámica o algo así) durante unos 5 minutos para que queden más compactos.

En la receta japonesa del tamago sando el sándwich va sin bordes, así que podéis cortarlos con un cuchillo de sierra o dejárselos. Ahora bien, si los cortáis, por Dios, ¡no los tiréis! Eso está buenísimo igual.

SANDO DE KATSUCHOPO

RACIONES: 2

TIEMPO ELABORACIÓN: 1 hora

RESTRICCIONES ALIMENTARIAS: sin lactosa

INGREDIENTES:

Para el sándwich:

4 rebanadas de pan de molde
2 filetes de aguja de cerdo ibérico de 2 cm de grosor
50 g de cecina de León
50 g de lonchas de queso gouda
harina
1 huevo
panko para empanar
sal y pimienta negra
4 hojas de col rizada
1 c. s. de salsa tonkatsu
2 c. c. de mostaza de Dijon
mantequilla pomada
aceite de oliva para freír

Para la salsa tonkatsu casera:

65 ml de salsa de pescado Worcerstershire
24 g de azúcar blanco
85 g de kétchup
30 g de salsa de ostras

mayonesa japonesa (ver receta p. 136)

Lo primero que vamos a hacer es preparar las salsas. Empezaremos con la tonkatsu. En un bol, agregamos la salsa de pescado junto con el azúcar y batimos hasta que esta se haya disuelto por completo. Seguidamente agregamos el kétchup y la salsa de ostras y mezclamos bien hasta que quede una salsa densa y homogénea. Reservamos.

Ahora vamos con la mayonesa japonesa. Reservamos.

A continuación, limpiamos el exceso de grasa que puedan tener los dos filetes de aguja de cerdo, intentando mantener la forma redonda. Les hacemos un corte transversal sin cortarlos del todo (tipo librito) y ponemos la cecina de León en medio. Salpimentamos y pasamos por harina, el huevo batido y el panko. Reservamos.

Picamos muy finas las hojas de col rizada en juliana y mezclamos con una cucharada sopera de salsa tonkatsu. Reservamos. En una cara del pan de molde, untamos bien con mostaza y en la otra cara, mantequilla pomada. Reservamos.

En una sartén a 180 °C, freímos los filetes empanados hasta que tomen ese color tostado característico. Secamos sobre una rejilla o papel absorbente y reservamos.

En la cara donde hemos puesto la mantequilla pomada, ponemos la col con la salsa tonkatsu, encima el filete y tapamos con la rebanada que tiene la mostaza. Pondremos peso sobre los sando durante 5 minutos para que todo quede bien prieto y para que, además, el pan se humedezca un poco gracias al calor residual del filete empanado y quede mucho más jugoso.

Normalmente se cortan los bordes para dejar todos los laterales nivelados, pero obviamente es opcional.

PIZZA RESACA

RACIONES: 1

TIEMPO ELABORACIÓN:
30 minutos

RESTRICCIONES ALIMENTARIAS: N/A

INGREDIENTES:

masa de pizza casera (ver receta p. 73)

2 c. s. de cebolla caramelizada (ver receta p. 30)

40 g de panceta ibérica curada

2 c. s. de *crème fraîche*

1 c. s. de cebolla encurtida (ver receta p. 46)

40 g de cheddar madurado

pimienta negra recién molida

ralladura de ½ lima

Extendemos la masa de pizza sobre una bandeja de horno forrada con papel vegetal. Mientras la montamos, precalentamos el horno a unos 200 °C de calor solo por abajo.

Ponemos en la base de la pizza la *crème fraîche* bien extendida, el queso cheddar rallado y la pimienta negra al gusto.

Como *toppings* añadimos la cebolla caramelizada y la panceta ibérica, y horneamos la pizza durante unos 10-15 minutos o hasta que la masa esté hecha.

Sacamos del horno y terminamos con la cebolla encurtida y la ralladura de lima. Os juro que la combinación de sabores es una locura.

TIPS: No hace falta que hagáis una masa de pizza napolitana casera. Podéis comprarla ya refrigerada y hacerla en casa sin pasar por todo el engorro de esperar a que fermente, amasarla, etc.

Podéis sustituir la panceta ibérica por guanciale cortado en lonchas muy finas o por beicon ahumado.

MINIHISTORIA

Me vais a perdonar por el título, y a mi favor digo que soy una persona que no suele beber mucho hasta el punto de tener resaca. Pero, oye, a veces una está muy contenta y se toma alguna copita de vino de más.

¿Que por qué os cuento esto? Pues porque le puse este nombre a esta receta porque aquí una llegó un día a su casa (a las 3 de la madrugada y con esa copita de vino de más) con mucha hambre, vi que tenía en la nevera una masa casera de pizza que se me había olvidado hacer y no se me ocurrió otra cosa que prepararla con los 4 ingredientes que tenía.

A mí me supo a gloria. Puede ser que a esas horas todo te sepa de lujo, claro. Pero la volví a hacer, la probé y me pareció una combinación de sabores maravillosa.

PHILLY CHEESESTAKE CON BRIOCHE

RACIONES: 1

TIEMPO ELABORACIÓN: 50 minutos

RESTRICCIONES ALIMENTARIAS: N/A

INGREDIENTES:

250 g de entrecot
sal
pimienta negra recién molida
1 cebolla dulce pequeña
queso raclette
brioche tipo hot dog (ver receta p. 66)
40 g de mantequilla sin sal pomada
1 diente de ajo
mayonesa

Para esta receta es importante el corte muy fino de la carne. Para conseguirlo, lo ideal es congelar la pieza de entrecot (que previamente limpiaremos de exceso de grasa), sacarla y, cuando esté semidescongelada, laminarla con cuchillo muy finamente. Reservar.

Pomaremos la mantequilla para que quede blanda y untable y añadiremos el ajo pelado, sin germen y finamente rallado. Reservamos.

Cortamos el pan brioche tipo hot dog a lo largo, sin llegar a separarlo del todo, y untaremos la parte de la miga con una capa muy fina de la mantequilla con ajo. Reservamos.

En una sartén, salteamos con mantequilla la carne del entrecot salpimentada al gusto y laminada hasta que esté dorada. Sacamos de la sartén y reservamos en un bol. En la misma sartén, con una nuez de mantequilla, caramelizamos la cebolla dulce, que habremos cortado en cubos de 1 cm de grosor, con un poco de sal. Nos llevará unos 25-30 minutos a fuego medio, sin parar de remover. Una vez esté lista, añadimos la carne y lo salteamos todo junto. Espolvoreamos el queso raclette por encima del entrecot y la cebolla y tapamos para que se vaya fundiendo a fuego bajo.

Mientras, planchamos el brioche en una sartén-parrilla a fuego medio bajo. Cuando esté bien dorado, lo sacamos y lo untamos con una capa fina de mayonesa por las dos caras.

Una vez esté fundido el queso, rellenamos el hot dog con ayuda de una espátula.

TIPS: Si no encontráis queso raclette, podéis usar cualquier otro tipo que se funda bien.

No hace falta que hagáis el brioche casero. Como ya sabéis, a mí me gusta dar la opción de hacerlo todo de cero, pero si os resulta muy complicado o no tenéis tiempo, podéis comprar un buen pan de brioche o de viena alargado.

PAN DE MASA MADRE, KIMCHI Y QUESO

RACIONES: 1

TIEMPO ELABORACIÓN:
15 minutos

RESTRICCIONES ALIMENTARIAS: N/A

INGREDIENTES:

2 rebanadas de pan de masa madre (ver receta p. 61)

10 g de mantequilla sin sal (ahumada opcional)

150 g de kimchi (ver receta p. 50)

50 g de queso gallego *do país*

Untamos las dos rebanadas de pan por la cara externa con mantequilla y reservamos. Cortamos el kimchi en juliana no muy fina y reservamos.

En una sartén-parrilla a fuego medio, ponemos una rebanada con la parte de la mantequilla tocando la superficie. Colocamos el kimchi encima, el queso y la otra rebanada de pan. Dejamos que se vaya tostando lentamente.

Le damos la vuelta y tostamos la otra cara. Lo ideal es ponerle peso al sándwich para que se tueste por igual y la «parrilla» se quede bien marcada. Además, yo lo hago a fuego medio-bajo para que al queso le dé tiempo a derretirse.

TIPS: Me gusta mucho preparar esta receta con el típico queso gallego *do país*, pero es complicado de encontrar a no ser que viváis en Galicia. Lo podéis sustituir por cualquier otro queso que funda bien.

Tenéis la receta del kimchi coreano al principio del libro, pero podéis comprar uno de calidad en tiendas asiáticas si tenéis muchísimas ganas de probar este sándwich y no podéis esperar a que vuestro kimchi casero fermente.

BRIOCHE, CAZÓN EN ADOBO Y MAYO DE ALCAPARRA

RACIONES: 4

TIEMPO ELABORACIÓN: 8 horas

RESTRICCIONES ALIMENTARIAS: sin lactosa

INGREDIENTES:

4 brioches (ver receta p. 66)
1 c.s. de mantequilla sin sal
12 alcaparras
aceite para freír

Para el cazón en adobo:

300 g de cazón
120 ml de vinagre de Jerez
150 ml de agua
2 dientes de ajo
1 hoja de laurel
1 c.c. de pimentón dulce de la Vera
½ c.c. de comino molido
2 c.c. de orégano seco
sal
harina especial para freír
aceite de oliva para freír

Para la mayonesa de alcaparra:

1 huevo tamaño M
200 ml de aceite de girasol
1 c.s. de alcaparras en conserva escurridas
una pizca de sal

Cortamos el cazón en dados de unos 2 cm y preparamos el adobo, ya que tendrá que marinar al menos 6 horas. Chafamos los dientes de ajo sin pelar y los añadimos en un bol junto el resto de los ingredientes para el adobo. Mezclamos bien y añadimos el pescado. Tapamos con papel film a piel y lo dejamos en la nevera como mínimo 6 horas, máximo 8. Una vez marinado, colamos y nos quedamos con el pescado en el colador para que pierda toda el agua de la marinada

Ponemos a calentar una sartén con aceite suficiente para freír y mientras este alcanza los 180 °C, rebozamos el pescado en la harina.

Antes de freír el pescado (que ensuciará mucho el aceite), freímos unas alcaparras; quedarán supercrujientes y las usaremos para decorar nuestro brioche.

Seguidamente freímos el cazón en adobo enharinado y, una vez esté dorado, sacamos con una espumadera y dejamos escurrir sobre papel absorbente.

Para la mayonesa de alcaparra, pondremos en un vaso de batidora el huevo, el aceite, la pizca de sal y las alcaparras escurridas. Trituramos hasta obtener una emulsión uniforme. Reservamos.

En una sartén-parrilla, marcamos a fuego medio por ambas caras los brioches, que habremos untado con una fina capa de mantequilla. Les hacemos un corte por la mitad, añadimos 3-4 trozos de cazón, unos puntos de mayonesa y algunas alcaparras fritas y crujientes.

TIPS: Si no encontráis la típica harina especial para freír, yo normalmente combino la de trigo normal con harina de garbanzo a partes iguales.

Si no queréis usar brioche, tendréis una buena ración de cazón en adobo (o bienmesabe), plato de pescaíto frito típico de Cádiz y uno de mis favoritos.

BRIOCHITO PRINGAO

RACIONES: 1

TIEMPO ELABORACIÓN: 15 minutos

RESTRICCIONES ALIMENTARIAS: sin lactosa

INGREDIENTES:

- 50-70 g de pringá (ver receta p. 246)
- 2 rebanadas de pan de molde brioche (ver receta p. 66)
- 1 nuez de mantequilla
- 3-4 hojitas de menta fresca
- cebolla encurtida morada (ver receta p. 46)

Cortamos rebanadas de 1 cm de grosor. Hacemos un sándwich con la pringá, que quede bien esparcida por toda la superficie. Pintamos con mantequilla pomada las caras externas del plan brioche.

En una sartén tipo grill, doramos las dos caras del sándwich a fuego medio-bajo (para que vaya poco a poco tomando temperatura sin llegar a quemarse). Lo ideal es ponerle un poco de peso o ejercer algo de presión con una espátula para que quede lo más fino y crujiente posible.

Cortamos los bordes (esto es opcional porque es meramente estético; de hecho, yo me los como, que están riquísimos, o a veces los dejo). Cortamos por la mitad y terminamos con unas hojitas de menta fresca y cebolla encurtida.

TIPS: En esta receta os podéis complicar cuanto queráis. Podéis hacer el brioche casero (tenéis la receta en la p. 66) o comprarlo en algún obrador o panadería buena que conozcáis.

c. s. = cucharada sopera
c. c. = cucharadita de café

HUEVOS

HUEVOS RELLENOS CON ENCURTIDOS

RACIONES: 8

TIEMPO ELABORACIÓN: 25 minutos

RESTRICCIONES ALIMENTARIAS: sin lactosa, sin gluten

INGREDIENTES:

4 huevos tamaño L

1 c. s. de cebolla morada encurtida picada (ver receta p. 46)

1 c. s. de pepino encurtido coreano picado (ver receta p. 49)

4 anchoas picadas

100 g de atún en aceite escurrido

1 c. s. de kétchup

sal

pimienta negra al gusto

piparra encurtida pequeña

Para la mayonesa de kimchi:

1 huevo tamaño M

150 g de aceite de girasol

aceite sobrante del atún

2 c. s. de salsa de kimchi

una pizca de sal

Lo primero que haremos será cocer los huevos durante 10 minutos a partir de agua hirviendo. Después los sacamos del agua y cortamos la cocción en un bol con hielo y agua. Una vez fríos, los pelamos, los cortamos por la mitad, sacamos las yemas y reservamos las claras.

Mientras, picamos la cebolla y los pepinos coreanos encurtidos y bien escurridos, y las anchoas. Ponemos todo en un bol y añadimos el atún sin aceite (que reservamos para hacer el kimchi), el kétchup y la yema de 3 huevos rallada. Salpimentamos y mezclamos bien.

En un vaso de batidora, incorporamos los ingredientes anteriores y trituramos desde la base del vaso hasta que se forme una emulsión. Subimos la batidora sin parar de triturar lentamente hasta conseguir una mayonesa. Debe quedar una consistencia algo densa pero fluida. Reservamos.

Rellenamos las 8 mitades de claras de huevo con el relleno de atún y encurtidos. Cubrimos con la mayonesa de kimchi. Rallamos la yema de huevo sobrante por encima y terminamos con una piparra encurtida en cada mitad.

TIPS: Si no tenéis pepinos coreanos encurtidos en casa, siempre podéis sustituirlos por pepinillos en vinagre.

TORTILLA VAGA BY LO

RACIONES: 2

TIEMPO ELABORACIÓN: 40 minutos

RESTRICCIONES ALIMENTARIAS: gluten free

INGREDIENTES:

4 huevos tamaño L
70 g de patatas chips finas
½ puerro (parte blanca)
40 g de mantequilla
4 gambas rojas
salsa de las cabezas de gambas
cebollino
sal

Para la salsa de las cabezas de las gambas:

cabezas y cáscaras de las gambas
1 c. s. de *crème fraîche*
40 ml de brandy
200 ml de agua
almidón de maíz para espesar (opcional)
una pizca de sal
1 c. s. de mantequilla

Lo primero será confitar en una sartén a fuego bajo la parte blanca del puerro cortada en tiras en mantequilla. Una vez estén blandos salpimentamos y reservamos.

En un bol cascamos los 4 huevos y los batimos ligeramente. Añadimos las patatas chips y las mezclamos para que todas se empapen de huevo. Dejamos reposar mientras preparamos la salsa con las cabezas de las gambas.

Pelamos las gambas, reservamos los cuerpos y con las cabezas y las cascaras hacemos una salsa. En una olla, ponemos la mantequilla y a fuego fuerte añadimos las cabezas y cuerpos y las machacamos para que suelten todo su jugo. Cuando estén doradas añadimos el brandy y flameamos. Dejamos que el alcohol se evapore, cubrimos de agua y cocinamos hasta que se reduzca el líquido a ⅓. Trituramos con un túrmix y pasamos por un colador fino. En un cazo limpio ponemos la salsa y la *crème fraîche* y cocinamos hasta que levante a hervor. Reservamos.

Le sacamos las tripas (el hilillo negro de la gamba) con ayuda de un palillo y cortamos en trozos de 1 cm aproximadamente. Reservamos.

En una sartén caliente engrasada con mantequilla y a fuego medio-alto, ponemos los huevos con las patatas y mezclamos un par de veces. Bajamos el fuego y añadimos los puerros confitados y las gambas encima. Cocinamos hasta que el huevo esté casi cuajado y servimos. Terminamos con la salsa de las cabezas por encima y cebollino picado.

TIPS: Lo ideal es añadir la gamba roja casi justo antes de sacar la tortilla del fuego para que se termine de hacer con el calor residual y quede en su punto.

HUEVOS TURCOS MALLORQUINES

RACIONES: 1

TIEMPO ELABORACIÓN:
40 minutos

RESTRICCIONES ALIMENTARIAS: N/A

INGREDIENTES:

2 huevos muy frescos
chorrito de vinagre blanco
50 g de sobrasada de Mallorca
2 c. s. de picatostes (ver receta p. 37)
100 g de yogur griego
sal

Lo primero será preparar los huevos escalfados o poché. En una olla con agua casi hirviendo (pero sin que esté borboteando), añadimos el chorrito de vinagre blanco y hacemos un remolino. Cascaremos el huevo en el centro y dejamos cocinar a fuego medio hasta que la clara esté hecha y la yema siga líquida. Tarda aproximadamente unos 6-7 minutos. Primero haremos uno y luego, el otro. Reservamos.

Picamos los picatostes para hacerlos un poco más pequeños y la sobrasada. Reservamos. En una sartén, pondremos la sobrasada a fuego medio y la cocinaremos para que suelte la grasa y se tueste un poco. Cuando esté bien suelta, añadiremos los picatostes y saltearemos a fuego fuerte para que se impregnen. Retiramos del fuego y reservamos en la sartén.

En un plato ponemos una base finita de yogur griego. Luego colocamos los dos huevos poché y terminamos con la sobrasada y el picatoste por encima.

TIPS: Para hacer un buen huevo poché, para mí lo fundamental es tener un producto lo más fresco posible, ya que, a poco tiempo de la puesta, la parte de la clara está más estructurada y nos facilitará muchísimo que, al escalfarlos, mantengan una forma redondita.

Por otro lado, yo siempre le añado un chorrito de vinagre al agua de la cocción porque ayuda a coagular el huevo de una manera más rápida, con lo que mantendrá la forma y la clara no se nos desparramará.

Otro truquito es hacer un pequeño remolino en el agua y echar el huevo en el centro. Esto no sé si marca alguna diferencia, pero, oye, yo siempre lo hago y a mí me quedan estupendos.

ODA A LA TORTILLA DE PATATAS

RACIONES: 1

TIEMPO ELABORACIÓN: 50 minutos

RESTRICCIONES ALIMENTARIAS: gluten free, sin lactosa, vegetariano

INGREDIENTES:

1 kg de patatas Monalisa

9-10 huevos

½ cebolla dulce

sal

AOVE para freír

Pelamos las patatas, las cortamos en 4 a lo largo y luego en láminas lo más finas posibles (lo que vuestra destreza con el cuchillo os permita), aunque, si tenéis mandolina, os facilitará mucho este proceso. Yo las dejo de 1 a 2 mm de grosor. Una vez las tengáis todas cortadas, las enjuagáis con abundante agua para quitarles todo el almidón. Colamos y dejamos que escurran bien.

Pelamos la cebolla y la cortamos en juliana fina. Separamos bien todas las capas y reservamos.

En una olla (o sartén) con fondo vertemos 2 o 3 dedos (que cubra las patatas) de aceite y dejamos calentar hasta que suba a 180 °C. Luego, introducimos las patatas cortadas y bien escurridas junto con la cebolla, movemos bien y freímos hasta que hayan perdido casi toda el agua y se estén dorando. Es importante ir removiendo de vez en cuando con cuidado para no romper mucho la patata y que, al mismo tiempo, se vayan dorando por todos lados.

En un bol cascamos los huevos y los batimos, pero sin romperles mucho la estructura. Una vez tengamos la patata en su punto, la sacamos con una espumadera e intentamos quitarle el exceso de aceite antes de echarla directamente en el huevo. Ponemos a punto de sal, mezclamos todo bien y dejamos reposar durante unos 5-10 minutos para que la patata vuelva a rehidratarse con el huevo.

En una sartén grande y antiadherente, ponemos una cucharada sopera del aceite con el que hemos frito las patatas y cuando esté bien caliente, añadimos el huevo con la cebolla y la patata. A mí me gusta moverla con una espátula, como si estuviera haciendo un revuelto, 2 o 3 veces para que se vaya cociendo por dentro. Dejamos que cuaje durante 1-2 minutos a fuego medio para que vaya sellándose por una cara. Le damos la vuelta con un plato y dejamos sellar por el otro lado.

Sacamos del fuego y lista.

TORTILLA DE SOBRASADA DE MALLORCA

INGREDIENTES:

receta de tortilla base (ver p. 159)

150 g de sobrasada de Mallorca

Añadimos la sobrasada cortada en trocitos pequeños a la masa cruda de huevo y patata y mezclamos bien. Yo la pongo en este momento porque la patata frita todavía tiene temperatura y, de esta manera, la sobrasada se desgrasa y tinta el huevo, con lo que se reparte mejor el sabor.

TORTILLA TRUFADA

INGREDIENTES:

receta de tortilla base (ver p. 159)

1 bote de tartufo

Añadimos el tartufo a la masa cruda de huevo y patata y mezclamos bien. Sí, ya sé que el tartufo tiene de trufa lo que yo de gallega (un poquito na más porque viví allí cinco años de mi vida), pero he de decir que me gusta mucho cómo le queda a la tortilla. Eso y que, si le ponéis trufa negra, igual os sale la tortilla más cara del mundo.

TORTILLA DE MORCILLA Y PERA

INGREDIENTES:

receta de tortilla base (ver p. 159)

100 g morcilla de Burgos

1 pera

Cortaremos la morcilla en trozos más pequeños y la cocinaremos en una sartén sin aceite para desgrasarla. Cuando esté dorada y crujiente por la superficie, la sacamos y le quitamos el exceso de grasa con papel absorbente. Pelamos y cortamos la pera en cubos de 1 cm aproximadamente. Añadimos estos dos ingredientes a la masa cruda de huevo y patata y mezclamos bien.

TIPS: Yo siempre suelo freír las patatas en una olla con profundidad; aunque se necesite más aceite, para mí es mucho más cómodo que la sartén. Además, el aceite de freír patatas se puede reutilizar varias veces.

En ocasiones, cuando dejo reposar la masa, veo que se queda demasiado seca (porque la patata ha absorbido el huevo), así que le añado otro huevo para conseguir una masa jugosa pero no líquida.

A mí me gusta dejar la tortilla jugosa por el centro, pero si os gusta más hecha, solo tenéis que bajar el fuego y dejarla más tiempo cocinándose por las dos caras, con cuidado de que no se os queme.

MINIHISTORIA

Creo que la tortilla de patatas es el plato que más veces he cocinado, el que más he llevado a casas cuando me invitan a comer y el más agradecido, porque cada vez que hago una e invito a gente, me hacen la ola. Literal.

Y hay algo de lo que me doy cuenta siempre que cocino una tortilla de patatas y es que, aunque la haya hecho infinitas veces, no me canso de prepararla y siempre la disfruto como si fuese mi primera tortilla. Igual estoy un poco chalá, pero aquí es cuando veo lo mucho que me gusta cocinar. Porque hacer una tortilla no es poner a freír las patatas en aceite, mezclarlas con el huevo e intentar hacer malabarismos para que nos salga al darle la vuelta (que también). Para mí, se trata de observar el color que va tomando la patata mientras se fríe, el sonido que hace el aceite a medida que esta va perdiendo agua en la fritura, fijarse en la textura del huevo cuando se bate y dejarlo en el punto que quiero, percibir el olor de la patata y de la cebolla cuando van tomando color... No es una ciencia exacta, pero creo que cocinar una tortilla de patatas es poner los cinco sentidos a su disposición, es entender cómo se van transformando los ingredientes para que el resultado final siempre sea el que busco. Es poner la atención, el cariño y el amor que siempre habría que poner cuando cocinamos tanto para nosotros como para los demás.

c. s. = cucharada sopera
c. c. = cucharadita de café

MIS PLATOS DE PASTA

PASTA FRESCA

RACIONES: 1

TIEMPO ELABORACIÓN: 60 minutos

RESTRICCIONES ALIMENTARIAS: sin lactosa, vegetariano

INGREDIENTES:

100 g de harina floja

1 huevo tamaño M

semolina de trigo (opcional)

En un bol o directamente en una superficie de trabajo no porosa, vertemos la harina y hacemos un pequeño volcán en el centro. Cascamos el huevo en el medio y lo batimos con un tenedor. La harina se irá integrando poco a poco. Cuando veáis que la masa se os queda enganchada al tenedor, es hora de pasar a trabajarla con las manos.

La amasamos durante unos 5-10 minutos; debe quedar una masa fácil de trabajar y que no se nos pegue a las manos. Si veis que esto ocurre, no dudéis en agregarle algo más de harina poco a poco. Hacemos una bolita y dejamos reposar cubierta en un bol durante 5 minutos. Volvemos a trabajar la masa. Veréis que la superficie queda más lisa y homogénea. Tapamos con papel film a piel y dejamos reposar unos 10-15 minutos.

Una vez que haya pasado el tiempo de reposo, la estiraremos según el tipo de pasta que queramos formar. Podemos hacerlo de dos maneras: con un rodillo de panadero (y mucha paciencia) o con una máquina de pasta. Yo siempre me ayudo de un poco de harina para evitar que la masa se pegue a medida que le vamos dando forma.

Si queréis hacer lasaña, canelones o raviolis, estirad la masa y dejadla con unos 2 mm de grosor, y luego la cortáis de la forma que queráis. Para hacer tallarines o espaguetis, yo la dejo con unos 3 mm, espolvoreo harina para evitar que se me pegue, la enrollo sobre sí misma en unos 4-5 pliegues y la corto a cuchillo (como si estuviésemos cortando una juliana) con el ancho que quiera.

Reservamos con un poco de semolina de trigo para que la pasta no se pegue (o con un poco de harina floja si no encontráis semolina).

Hervimos en abundante agua con un puñado de sal durante unos 5-6 minutos.

PASTA FRESCA CON RAGÚ

RACIONES: 4

TIEMPO ELABORACIÓN:
3 horas

RESTRICCIONES ALIMENTARIAS: N/A

INGREDIENTES:

90 g de pasta por persona
un puñado de sal
parmesano o pecorino rallado

Para la salsa:

300 g de aguja de ternera picada
150 g de panceta de cerdo ibérica picada
2 dientes de ajo
3 zanahorias
2 cebollas dulces
2 ramas de apio
150 ml de vino tinto
300 ml de fondo oscuro (ver receta p. 38)
400 g de tomate natural triturado en lata
1 hoja de laurel
sal
AOVE
pimienta negra recién molida
1 rama de tomillo

Lo primero que haremos será pelar y picar todas las verduras (salvo el ajo) en brunoise, ya que para esta receta deben quedar muy muy finitas. Reservamos.

En una olla con suficiente fondo, vertemos 3 cucharas soperas de AOVE y marcamos las carnes picadas y salpimentadas hasta que estén doradas a fuego alto. Sacamos del fuego y reservamos.

En la misma olla, añadimos la cebolla y cocinamos a fuego medio hasta que esté transparente. Agregamos el ajo rallado y salteamos un minuto para perfumar. Añadimos la zanahoria y el apio y cocinamos durante unos 30 minutos, sin parar de remover, hasta que las verduras hayan caramelizado y tengan un color dorado. Volvemos a incorporar la carne, subimos el fuego y añadimos el vino tinto para desglasar. Cocinamos a fuego fuerte hasta que se haya evaporado el alcohol y el líquido se haya reducido casi al completo.

Añadimos la hoja de laurel, la ramita de tomillo junto con el tomate triturado y el fondo oscuro de carne caliente y llevamos a hervor. Corregimos de sal, bajamos a fuego medio-bajo y tapamos. Cocinamos durante unas 2,5 horas, removiendo de vez en cuando.

Pasado este tiempo, la salsa se habrá reducido y debería quedar una mezcla seca, pero a la vez cremosa y muy concentrada.

Cocemos la pasta en una olla con abundante agua y un buen puñado de sal. Cuando esté al dente, sacamos directamente de la olla con ayuda de unas pinzas y la vertemos sobre el ragú lo más escurrida posible. Mezclamos bien, servimos en un plato y rallamos queso parmesano o pecorino por encima.

TALLARINES A LA PUTTANESCA

RACIONES: 2

TIEMPO ELABORACIÓN: 60 minutos

RESTRICCIONES ALIMENTARIAS: N/A

INGREDIENTES:

90 g de pasta por persona
un puñado de sal
parmesano o pecorino rallado

Para la salsa:

120 g de guanciale en tacos
2 dientes de ajo
1 cebolla morada pequeña
1 cayena (opcional)
8 hojas de salvia fresca
4 anchoas picadas
1 ½ c.s. de alcaparras
1 ½ c.s. de oliva negra de Aragón
150 ml de vino fino
200 g de tomate frito
pimienta negra recién molida
sal
AOVE

Lo primero será preparar todos los ingredientes. Cortamos el guanciale en tacos de ½ cm de grosor. Pelamos y rallamos los dientes de ajo. Picamos la cebolla morada en brunoise. Picamos las anchoas y las alcaparras muy finas. Deshuesamos y picamos las aceitunas negras. Por último, cortamos en juliana fina las hojas de salvia fresca. Reservamos todo.

En una sartén, ponemos el guanciale a fuego medio y lo cocinamos hasta que desgrase y esté dorado. Retiramos de la sartén. En la grasa que ha soltado, salteamos la cebolla morada y, una vez que esté transparente, añadimos el ajo. Salpimentamos y cocinamos hasta que la cebolla esté caramelizada (esto nos llevara unos 20-25 minutos sin parar de remover, controlando el fuego para que no se nos queme).

Luego, añadimos las alcaparras, las aceitunas negras, las anchoas y el guanciale. Cocinamos durante un minuto a fuego vivo y regamos con el vino fino. Dejamos reducir para evaporar el alcohol por completo. Cuando esté listo y apenas quede líquido, agregamos el tomate frito, la salvia y la pimienta cayena (es opcional, si no os gusta el picante, podéis prescindir de ella) y cocinamos todo junto a fuego medio-bajo hasta que el tomate haya perdido toda el agua y se haya concentrado. Probamos y corregimos de sal y pimienta si es necesario.

Cocemos la pasta en abundante agua con un puñado de sal. La añadimos directamente al sofrito bien escurrida y mezclamos bien para que la pasta quede totalmente impregnada de la salsa.

Emplatamos y terminamos con un poco de parmesano o pecorino romano rallado finamente.

RIGATONI A LA CARBONARA

RACIONES: 2

TIEMPO ELABORACIÓN: 1 hora

RESTRICCIONES ALIMENTARIAS: N/A

INGREDIENTES:

90 g de pasta por persona
un puñado de sal
pecorino rallado

Para la salsa:

1 huevo entero
2 yemas
100 g de pecorino romano (o parmesano)
½ cebolla dulce
60 g de guanciale
120 ml de vino manzanilla
caldo de la cocción de la pasta
pimienta negra recién molida
sal

En un bol añadimos el huevo entero y las dos yemas junto con el pecorino rallado muy fino y la pimienta negra recién molida. Batimos hasta que esté todo integrado y reservamos.

Cocemos la pasta en abundante agua con sal. Mientras, cortamos el guanciale en tacos de ½ cm de grosor y los desgrasamos en una sartén a fuego medio. Antes de que lleguen a dorarse, añadimos la cebolla picada en brunoise y cocinamos a fuego medio-bajo hasta caramelizar.

Añadimos el vino y dejamos reducir a fuego fuerte para evaporar el alcohol por completo. Con una espumadera, sacamos los rigatoni casi al punto (no desechamos el agua ya que la necesitaremos para hacer la salsa carbonara) y los incorporamos a la sartén junto con el guanciale y la cebolla. Salteamos todo junto y bajamos el fuego al mínimo.

Agregamos un par de cucharas soperas del agua de la cocción de la pasta al huevo y queso, y mezclamos. La temperatura del agua ayudará a que el queso se derrita y nos quede una salsa más homogénea. Apagamos el fuego de la sartén donde tenemos la pasta y añadimos la salsa. Rápidamente, con una espátula removemos con energía para que vaya espesando la salsa.

Emplatamos, rallamos queso pecorino por encima y pimienta negra recién molida.

TIPS: Lo más delicado de esta receta es darle densidad a la salsa sin convertir el plato en una pasta con huevo revuelto. Para ello hay que controlar mucho la temperatura a la hora de volcar las yemas con el pecorino en la sartén, donde tenemos el sofrito con los rigatoni. Yo prefiero darle temperatura a la hora de saltear la pasta con el guanciale y la cebolla, bajar el fuego al mínimo, echarle un buen chorro de agua de la cocción y finalmente añadirle las yemas con el pecorino y mezclar rápidamente con movimientos circulares y con ayuda de una espátula de silicona.

ESPAGUETIS DE SEPIA CON TARTAR DE CARABINERO

RACIONES: 2

TIEMPO ELABORACIÓN:
45 minutos

RESTRICCIONES ALIMENTARIAS: N/A

INGREDIENTES:

90 g de pasta de sepia por persona
un puñado de sal
parmesano o pecorino rallado
1 carabinero por persona
2 c. s. de *crème fraîche*
10 tomates cherry
1 cayena
100 ml de brandy
1 c. s. de mantequilla
ralladura de ½ lima
sal
AOVE

Pelamos los carabineros y les quitamos la cabeza con muchísimo cuidado de que no se salgan los jugos. Les hacemos un pequeño corte superficial a lo largo del cuerpo y, con un palillo, retiramos las tripas.

En un cazo pondremos un chorrito de AOVE y cuando esté caliente, añadimos las cáscaras del cuerpo y las cabezas. Estrujamos con ayuda de una espátula para que salgan todos los jugos y cocinamos durante unos minutos hasta que estén doradas y el aceite se haya tintado de rojo. Fuera de fuego añadimos el brandy, volvemos a poner el cazo en el fuego y flameamos con cuidado de no quemarnos. Es importante que no tengáis la campana extractora encendida, que no queremos dramas. Dejamos evaporar todo el alcohol y añadimos ½ litro de agua. Cocinamos a fuego medio hasta que el líquido se haya reducido a la mitad, pasamos a un vaso de batidora, trituramos y colamos. Reservamos.

Para el tartar, picamos el carabinero. Que no quede una pasta y tampoco trozos muy grandes, ya que queremos notar los trocitos de carabinero en tamaño tartar. Reservamos en un bol, rallamos lima por encima y añadimos una pizca de sal. Tapamos a piel y reservamos en nevera.

Cocemos la pasta en abundante agua con un buen puñado de sal, removiendo para que no se nos pegue.

En una sartén, ponemos la nuez de mantequilla. Derretimos a fuego medio y añadimos los tomates cherry. Cocinamos unos 2-3 minutos. Cuando a la pasta le queden unos 5 minutos para que se termine de cocinar, la añadimos a la sartén con los tomates y subimos el fuego. Salteamos un minuto. Añadimos el jugo de las cabezas de los carabineros y la *crème fraîche*. Cocinamos hasta que la pasta esté en su punto y la salsa se haya reducido y esté cremosa.

Emplatamos en un bol o plato hondo y terminamos con el tartar de carabinero encima. Mezclamos todo y a gozar.

RAVIOLI, RABO DE TORO Y FOIE

RACIONES: 1

TIEMPO ELABORACIÓN:
2 horas

RESTRICCIONES ALIMENTARIAS: N/A

INGREDIENTES:

- pasta fresca casera (ver receta p. 166)
- un puñado de sal

Para el rabo de toro:

- 150-200 g de rabo de toro guisado (ver receta p. 200)
- 2 c.s. de salsa rabo de toro
- 4 shiitake
- ½ c.s. de cebolla caramelizada (ver receta p. 30)
- 1 hoja de salvia fresca (opcional)
- 1 c.s. de mantequilla

Para la salsa:

- 60 g de foie micuit
- 1 chalota
- 150 g de caldo de huesos (ver receta p. 42)
- 80 g de nata para cocinar
- 40 g de vino de Oporto
- sal
- pimienta negra recién molida
- 1 c.s. de mantequilla

Para el ravioli, necesitamos dos placas de pasta fresca estiradas a 3 mm de grosor. Una vez hechas, las reservamos bien tapadas para que no se resequen y con un poco de harina para que no se peguen.

Desmenuzamos el rabo de toro y reservamos. En una sartén, ponemos una nuez de mantequilla y cocinamos las setas shiitake picadas. Añadimos el rabo de toro con un poco de su salsa y la cebolla caramelizada; salpimentamos y cocinamos un minuto. Reservamos.

En un cazo, ponemos una cucharada sopera de mantequilla y caramelizamos la chalota picada en brunoise con un poco de sal y pimienta. Añadimos el foie micuit cortado en taquitos de ½ cm hasta que se derrita. Añadimos el vino de Oporto y dejamos reducir y evaporar el alcohol. Añadimos el caldo de huesos, la nata y cocinamos unos minutos hasta que espese, corregimos de sal si fuese necesario. Trituramos la salsa y pasamos por colador fino. Reservamos.

Colocamos una de las placas de pasta estiradas sobre una mesa. Ponemos unos 20 g de relleno de rabo de toro por ravioli. Separamos bien un relleno de otro según el tamaño del cortapastas que vayamos a utilizar y, con un pincel con muy poquita agua, pintamos la superficie que queda sin relleno. Esto nos ayudará a que se pegue la masa. Ponemos encima la otra placa de pasta, que quede bien cuadrada con la de abajo. Con los dedos, apretamos con cuidado alrededor de los rellenos y cortamos con un cortapastas. Hervimos en agua con sal durante 5-6 minutos.

En una sartén con una nuez de mantequilla, agregamos los raviolis cocidos y cocinamos a fuego medio para que se impregnen.

Ponemos los raviolis en un plato, cubrimos con la salsa de foie y con la propia salsa del rabo de toro.

c. s. = cucharada sopera
c. c. = cucharadita de café

ARROCES / FIDEUÁ

ARROZ NEGRO DE CALAMARCITOS

RACIONES: 2

TIEMPO ELABORACIÓN: 60 minutos

RESTRICCIONES ALIMENTARIAS: gluten free

INGREDIENTES:

180 g de arroz bomba

6-8 calamares pequeños

1 puerro pequeño

1 cebolla dulce pequeña

1 c. s. aceite de ajo y perejil (ver receta p. 33)

1 c. c. colmada de pulpa de pimiento choricero

4 c. s. de AOVE

500-600 ml de fumet rojo de pescado de roca y gamba (ver receta p. 41)

tinta de sepia o calamar

cebollino fresco (opcional)

puntos de ajolactonesa para acompañar (ver receta p. 96)

Lo primero será limpiar los calamares. Separamos las cabezas de los cuerpos. De la cabeza nos quedamos solo con los tentáculos y del cuerpo le retiramos el esqueleto (o «pluma») y lo limpiamos bien con agua. Reservamos la tinta con cuidado de no romperla en el caso de que tengan.

Ponemos a calentar el fumet con la tinta de calamar a fuego bajo mientras seguimos preparando las verduras. Pelamos y cortamos la cebolla y la parte blanca del puerro en brunoise y reservamos separado.

Cortamos el cuerpo de calamar en cuadrados de 1 cm, aproximadamente, y reservamos.

Ponemos la paella a fuego medio alto con un chorro de AOVE y marcamos los tentáculos con una pizca de sal hasta dorar. Sacamos y reservamos para el emplate. Bajamos el fuego a un fuego medio y añadimos la cebolla, cocinamos hasta que esté transparente y añadimos el puerro. Cocinamos hasta que las verduras estén caramelizadas.

Añadimos el cuerpo del calamar picado y, a fuego fuerte, cocinamos hasta que esté dorado. Agregamos el aceite de ajo y perejil y la pulpa de pimiento choricero. Cocinamos un minuto para integrar y añadimos el arroz, que lo nacararemos (unos 2 minutos con cuidado de que no se queme). Añadimos ¾ del fumet bien caliente, en cuanto esté hirviendo fuerte, bajamos el fuego a un fuego medio y añadimos una pizca de sal. Movemos el arroz para distribuirlo a un mismo nivel en la paella y dejamos cocer.

Mientras tanto, vamos a preparar la ajolactonesa.

Cuando le queden 5 minutos al arroz, colocamos los tentáculos sobre la superficie. Una vez esté hecho, tapamos con un trapo y dejamos reposar unos 5-10 minutos. Terminamos con cebollino fresco picado y unos puntos de ajolactonesa.

ARROZ DE MONTAÑA

RACIONES: 2

TIEMPO ELABORACIÓN: 60 minutos

RESTRICCIONES ALIMENTARIAS: sin lactosa, gluten free

INGREDIENTES:

Para el arroz:

500 ml de fondo oscuro (ver receta p. 38)
180 g de arroz bomba
8-10 g de costillas de conejo
½ conejo con su paletilla, lomo, costillas y muslo
3 alcachofas
1 butifarra de *pagès*
1 cebolla dulce mediana
1 c. s. de aceite de ajo y perejil (ver receta p. 33)
1 c. s. de romesco
1 c. c. de pasta de ñora
sal
AOVE

Para la salsa de romesco:

4 tomates pera maduros
½ cabeza de ajos
1 cebolla dulce mediana
1 puñado de almendras
1 puñado de nueces
1 puñado de avellanas
2 rebanadas de pan duro
2 c. c. de pasta de ñora
100 ml de AOVE
vinagre de Jerez al gusto
sal

Para el romesco, precalentamos el horno a 180 °C y metemos en una bandeja los tomates pera, la cebolla entera sin piel, la ½ cabeza de ajos cortada de forma transversal y un buen chorro de AOVE. Horneamos hasta dorar (unos 30-40 minutos). Cortamos el pan en cubos de 1 cm y tostamos los frutos secos. Trituramos las verduras doradas (los ajos sin piel), el pan, los frutos secos la ñora, el vinagre y la sal y ½ cantidad de AOVE hasta conseguir una salsa densa. Reservamos.

Para el arroz, ponemos a calentar el fondo oscuro. Mientras tanto, pelamos y cortamos la cebolla en brunoise. Pelamos las alcachofas quitándoles las hojas más verdes, descorazonamos, cortamos en 8 trozos y pelamos los tallos. Reservamos.

Abrimos la butifarra y desmigamos la carne de su interior. Cortamos el muslo y la paletilla deshuesados y el lomo del conejo en trozos de 2 cm y salpimentamos las costillitas.

En una paella, ponemos 3 c. s. de AOVE, marcamos las costillas de conejo a fuego fuerte, doramos y reservamos. Marcamos las alcachofas hasta dorar. Reservamos. En el mismo aceite añadimos la cebolla hasta caramelizar a fuego medio bajo con un poco de sal. Añadimos a fuego medio alto todas las carnes menos las costillas de conejo. Cocinamos hasta dorar. Añadimos las alcachofas, el aceite de ajo y perejil y la pasta de ñora. Cocinamos 1 minuto para integrar sabores. Añadimos el arroz y lo nacaramos durante 2 minutos junto con las verduras. Mojamos con ¾ partes del caldo y reservamos la ½ por si se necesita más para la cocción final, repartimos el arroz por toda la superficie nivelándolo. Levantamos a hervor, bajamos a fuego medio y corregimos de sal. Cuando queden 5 minutos para que acabe de cocinarse, repartimos las costillas de conejo por toda la superficie.

ARROZ CALDOSO DE BOGAVANTE

RACIONES: 2

TIEMPO ELABORACIÓN: 60 minutos

RESTRICCIONES ALIMENTARIAS: sin lactosa, gluten free

INGREDIENTES:

- 1 bogavante de 500 g
- 800 ml de fumet rojo de marisco (ver receta p. 41)
- 180 g de arroz bomba
- 2 tomates pera
- 1 c.c. de tomate concentrado
- ½ pimiento rojo mediano
- 1 pimiento verde italiano mediano
- 1 cebolla dulce
- 1 c.s. aceite de ajo y perejil (ver receta p. 33)
- 1 c.c. de pimentón de la Vera
- 8-10 hebras de azafrán
- 1 c.s. de pasta de ñora
- 80 g de brandy
- 1 hoja laurel
- AOVE
- sal
- perejil fresco

Lo primero será preparar el bogavante. Separamos la cabeza del cuerpo con un cuchillo y le separamos las pinzas. La cabeza la cortamos transversalmente, el cuerpo en 3-4 trozos y las pinzas en 2. Reservamos.

Vamos a preparar ahora las verduras. Limpiamos los pimientos, le quitamos el rabo y las pepitas y cortamos en trozos de ½ cm. Pelamos y cortamos la cebolla en cubos de ½ cm y reservamos.

Ponemos en una olla 5 c.s. de AOVE a fuego medio alto y cuando esté caliente doramos rápidamente el bogavante. Cuando haya cambiado de color, lo sacamos de la olla y reservamos. En la misma olla, añadimos la cebolla con una pizca de sal y cocinamos hasta que esté blanda y transparente. Añadimos los pimientos y cocinamos hasta que hayan perdido el agua y estén blandos. Añadimos el tomate rallado y el tomate concentrado con una hoja de laurel. Cocinamos a fuego medio hasta que el tomate haya perdido toda su agua. Una vez tengamos una pasta, añadiremos la pasta de ñora y el pimentón de la vera, cocinamos 1 minuto y añadimos el brandy. Flameamos y dejamos reducir todo el alcohol.

Agregamos el arroz y nacaramos durante 2 minutos. Añadimos el fumet, que tendremos caliente, junto con unas hebras de azafrán. Removemos para que todos los sabores se integren bien y corregimos de sal. Cocinamos a fuego medio hasta que falten 5 minutos para que el arroz esté en su punto. Ahí añadiremos el bogavante junto con los jugos que ha soltado. Terminamos de cocinar y dejamos reposar unos 5 minutos y ponemos perejil fresco picado.

ARROZ DE VERDURAS

RACIONES: 2

TIEMPO ELABORACIÓN:
60 minutos

RESTRICCIONES ALIMENTARIAS: gluten free, sin lactosa, vegano, vegetariano

INGREDIENTES:

180 g de arroz bomba
500 ml de caldo oscuro de verduras (ver receta p. 45)
1 cebolla dulce mediana
½ pimiento rojo mediano
1 pimiento verde italiano mediano
7 setas shiitake
2 alcachofas
6 espárragos trigueros
1 c. s. de aceite de ajo y perejil (ver receta p. 33)
2 c. c. de salsa romesco (ver receta p. 183)
AOVE
sal

Preparamos las verduras. Cortamos en brunoise la cebolla pelada, el pimiento rojo y el verde lavados y las setas shiitake. Limpiamos todas las hojas más verdes y duras de las alcachofas y con el tallo pelado cortamos el corazón en 8 trozos cada una. Lavamos y cortamos los espárragos trigueros en 2, reservamos las puntas, que cortaremos a la mitad de forma transversal, y cortaremos la base en rodajitas de 2 mm, aproximadamente. Desechamos la parte del tallo más dura.

En una paella, ponemos un buen chorro de AOVE y a fuego medio, cocinamos la cebolla con un poco de sal hasta que esté transparente y un poco dorada. Añadimos los pimientos hasta que se ablanden. Agregamos las shiitake, los espárragos y las alcachofas y cocinamos hasta que el punto de la cebolla esté muy caramelizado. Vertemos la cucharada de aceite de ajo y perejil y la salsa romesco, integramos bien 1 minuto para repartir el sabor y corregimos de sal.

Añadimos el arroz bomba y nacaramos durante un par de minutos. Añadimos ¾ partes del caldo oscuro de verduras bien caliente. Repartimos el arroz por toda la paella, llevamos a hervor y bajamos el fuego a medio-bajo. Mientras tanto, en una sartén tipo parrilla, marcamos las puntas de los espárragos trigueros con un poco de AOVE y sal hasta que estén tostados por la parte blanca. Sacamos y reservamos.

Una vez esté el arroz en su punto, apagamos el fuego, tapamos y dejamos reposar 8-10 minutos. Terminamos con puntos de salsa romesco y las puntas de espárrago triguero.

TIPS: Si veis que os quedáis sin líquido al final del cocinado del arroz, podéis añadirle más caldo caliente o agua.

Cuando estéis cocinando las verduras para el sofrito, puede ser que les falte un poco de aceite, ya que suelen absorber bastante. Podéis agregarle un poco pero vigilando que no quede un sofrito muy graso.

FIDEUÁ

RACIONES: 2

TIEMPO ELABORACIÓN: 60 minutos

RESTRICCIONES ALIMENTARIAS: sin lactosa, gluten free

INGREDIENTES:

160 g de fideo fino de sopa

4 gambas rojas

1 sepia pequeña

melsa de la sepia (opcional)

1 colita de rape pequeña

500 ml de fumet rojo (ver receta p. 41)

1 cebolla mediana dulce

1 pimiento verde italiano pequeño

2 tomates pera maduros medianos

1 c.c. de pasta de ñora

1 c.s. de aceite de ajo y perejil (ver receta p. 33)

AOVE

sal

TIPS: La melsa de la sepia es una bolsita de color marrón que se encuentra dentro del cuerpo. Siempre que uso sepia la incorporo en el sofrito para aportar ese sabor característico a mar y dar profundidad de color a la fideuá.

Lo primero que haremos será preparar todas las verduras. Pelamos y cortamos en brunoise la cebolla y el pimiento verde lavado y sin pepitas. Rallamos los dos tomates pera y reservamos.

Cortamos la cola del rape en medallones de tamaño bocado y salamos. Limpiamos la sepia y le quitamos la cabeza. De la cabeza aprovecharemos los tentáculos, que lavaremos bien debajo de un grifo y picaremos para incorporarlos al sofrito; de la parte del cuerpo, retiraremos el esqueleto y lo cortaremos en dados de 1 cm aprox.

En una paella, ponemos un par de cucharas soperas de AOVE y, a fuego alto, marcamos el rape hasta que esté la superficie dorada y el centro crudo. Lo sacamos de la paella y reservamos. Hacemos un buen sofrito con la cebolla y el pimiento verde con un poco de sal, todo bien caramelizado. Seguidamente añadimos el tomate rallado y cocinamos hasta que pierda casi toda el agua y se concentre. Añadimos los tentáculos y el cuerpo de la sepia y cocinamos a fuego fuerte hasta que tome color. Añadimos el aceite de ajo y perejil, la pasta de ñora y la melsa de la sepia (opcional). Cocinamos 1 minuto para integrar todos los sabores y añadimos los fideos. Cocinamos unos 3-4 minutos hasta que se tuesten.

Añadimos el fumet bien caliente, llevamos a hervor y bajamos el fuego a medio bajo. Cinco minutos antes de que el fideo esté listo, añadimos los medallones de rape y terminamos la fideuá en el horno precalentado a 200 °C.

Mientras tanto, preparamos las gambas rojas. Pelamos los cuerpos de la gamba, dejándoles la cabeza y la punta de la cola. Nada más salir la fideuá del horno, ponemos las gambas encima para que se hagan con el calor residual.

Dejamos reposar 2-3 minutos y listo.

c. s. = cucharada sopera
c. c. = cucharadita de café

PLATOS PRINCIPALES

CHARSU CASERO

RACIONES: 8-10

TIEMPO ELABORACIÓN: 4 horas

RESTRICCIONES ALIMENTARIAS: sin lactosa, gluten free

INGREDIENTES:

1 kg de panceta con piel
1 c.s. de aceite de girasol
6 rodajas de jengibre fresco
3 tallos de cebolleta
1 vaso de sake (para cocinar)
1 vaso de salsa de soja
2 vasos de agua
100 g de azúcar blanco

Lo primero que haremos será enrollar la pieza de panceta (que tendrá que tener una forma rectangular, casi cuadrada) sobre sí misma bien prieta y bridarla como un rulo con cuerda apta para cocinar. La piel debe quedar en la parte externa.

En una olla donde quepa el trozo de panceta, pondremos el aceite y, a fuego medio-alto sellaremos toda la superficie de la pieza hasta que esté bien dorada. En la misma olla, añadiremos las rodajas de jengibre fresco pelado, los tallos de cebolleta, el sake, el azúcar, la salsa de soja y el agua. Quedará cubierta aproximadamente hasta la mitad. Llevamos a ebullición y, una vez haya hervido, bajamos a fuego bajo.

Vamos a cocinar la panceta tapada durante unas 2 horas y media, dándole la vuelta cada 15 minutos para que se vaya cocinando por todos lados. Una vez lista, la sacamos y dejamos enfriar a temperatura ambiente y cortamos la cuerda. Colamos la salsa y, si está muy líquida, la reducimos hasta obtener un líquido con densidad.

Lo ideal es guardarla en una bolsa envasada al vacío con su propia salsa. Si no tenéis máquina al vacío, siempre podemos usar una de las bolsas de congelación con cierre tipo zip.

Cortamos en filetitos de ½ cm y comemos acompañada de arroz blanco con su salsa.

TIPS: Os aconsejo que, si tenéis un carnicero de confianza, le pidáis que os bride la pieza.

A la hora de comprar la panceta, hay muchas piezas que tienen demasiada cantidad de grasa en comparación con la carne.

MINIHISTORIA

Empecé a preparar esta receta con el ramen. Recuerdo ir a japoneses donde hacían ramen y flipar con la carne de cerdo que me servían. Tiene un sabor umami que es un espectáculo. A día de hoy me he dado cuenta de la gran versatilidad de esta receta: la he añadido en baos, en bocadillos, me la he comido tal cual, en rámenes caseros... Ya veréis que cuando la hagáis, no vais a poder parar de cocinarla en casa.

RAMEN BY LO

RACIONES: 1

TIEMPO ELABORACIÓN:
45 minutos

RESTRICCIONES ALIMENTARIAS: sin lactosa

INGREDIENTES:

Para el ramen:

- 400 ml de caldo de huesos (ver receta p. 42)
- ½ hoja de alga kombu deshidratada
- 1 puñado de katsuobushi
- 1 c. s. de pasta de miso
- 1 c. s. de salsa de charsu (ver receta p. 192)
- 1 c. s. de aceite de sésamo
- 4 setas shiitake
- ½ cebolleta pequeña
- 1 diente de ajo
- ½ c. s. de jengibre fresco picado
- 3 hojas pak choi
- 1 lámina de alga nori
- 1 c. c. de salsa de chili crujiente (opcional)
- 1 unidad de fideos para ramen
- 4 rodajas finas de charsu (ver receta p. 192)
- 1 tamago (huevo, en japonés)

Para el tamago:

- 100 ml de salsa reducida del charsu (ver receta p. 192)
- 100 ml de agua
- 1 huevo
- hielo

Vamos a infusionar el caldo de huesos con el alga kombu y el katsuobushi. En una olla ponemos el kombu y levantamos a hervor a fuego medio. Una vez rompa a hervir, apagamos el fuego, añadimos el katsuobushi y dejamos infusionar unos 10 minutos. Colamos y reservamos.

Para el tamago marinado, cocemos el huevo durante 6 minutos exactos y enfriamos en agua con hielo. Lo pelamos y metemos en una bolsa de congelación junto con la salsa diluida con un poco de agua del charsu y dejamos en nevera al menos 30 minutos. Si podéis dejarlo toda la noche, mejor.

Cortamos en juliana fina la cebolleta sin el tallo, pelamos y rallamos el diente de ajo, pelamos y cortamos en rodajas finas el jengibre fresco, cortamos a la mitad los shiitake y separamos y lavamos las hojas de pak choi. Reservamos.

En una olla, ponemos el aceite de sésamo y a fuego medio sofreímos el ajo, el jengibre y la cebolleta hasta que esté transparente. Añadimos la shiitake y una pizca de sal y cocinamos. Una vez esté tierno, agregamos el caldo de huesos y dejamos hervir a fuego medio unos 10 minutos. Añadimos la pasta de miso con ayuda de un colador para deshacerla bien, la salsa de charsu y el pak choi.

Por último, añadimos los fideos para ramen directamente y los dejamos cocer el tiempo que indique el fabricante. Servimos la sopa en un bol con fondo junto con los fideos y terminamos con finas rodajas de charsu, el tamago (huevo marinado) cortado por la mitad, 3-4 láminas de nori cortadas en rectángulos de 2 x 3 aproximadamente y terminamos con un poco de aceite de chile crujiente (opcional) y el tallo de la cebolleta cortado en rodajas finas.

TIPS: Tradicionalmente se cuecen los fideos de ramen en agua y luego se agregan escurridos a la sopa. Yo la verdad que, para facilitar un poco la receta y no usar tanto cacharro, los cuezo en la propia sopa.

Todos los ingredientes asiáticos los podéis encontrar en supermercados o en webs especializados.

Si tenéis parte de las elaboraciones hechas (como el caldo de huesos y el charsu) se tarda poquito en preparar un ramen en casa. Si partís desde cero, necesitaréis al menos 4 horas para cocinar un buen caldo y el charsu.

POLLO CRUNCHY Y SALSA AGRIPICANTE

RACIONES: 2

TIEMPO ELABORACIÓN: 60 minutos

RESTRICCIONES ALIMENTARIAS: N/A

INGREDIENTES:

Para la marinada:
400 g de leche entera
500 g de contramuslo de pollos
2 c.s. de vinagre de manzana
½ c.s. de ajo en polvo
½ c.s. de cebolla en polvo
3 c.s. de salsa sriracha
1 c.c. de pimentón de la Vera
1 c.c. de sal

Para el rebozado crujiente:
400 g de harina
60 g almidón de maíz
3 dientes de ajo
1 c.s. de cebolla en polvo
2 c.c. de pimienta negra en polvo
2 c.c. de sal
aceite de oliva para freír

Para la salsa casera:
1 c.c. de chile en polvo
3 dientes de ajo
½ c.s. de jengibre fresco
30 g de azúcar blanco
30 g de azúcar moreno
zumo de 1 naranja mediana
40 g de vinagre de arroz
2 c.s. de salsa de soja
1 c.s. de aceite de sésamo
1 c.s. de almidón de maíz

cebollino fresco (opcional)
chile rojo fresco (opcional)

Preparamos la buttermilk para la marinada. En un recipiente ponemos la leche entera y el vinagre de manzana. Mezclamos bien y reposamos de 5 a 10 minutos. Poco a poco verés que la leche se va cortando. Una vez tenga mayor densidad, la tenemos lista. Añadimos el resto de los ingredientes y los contramuslos de pollo cortados en trozos de 3 cm aproximadamente. Reposamos al menos 30 minutos en nevera.

Preparamos el rebozado en un bol grande, donde añadiremos la harina, el almidón, los dientes de ajo pelados y rallados, la cebolla en polvo, la pimienta negra y la sal. Mezclamos todo bien y reservamos.

Para la salsa, pelamos y rallamos tanto los dientes de ajo como el jengibre, lo ponemos en un cazo con un chorrito de aceite de sésamo y lo cocinamos un par de minutos para perfumar. Seguidamente, y antes de que tomen color, incorporamos el resto de los ingredientes menos el almidón de maíz y vamos moviendo con energía con una varilla. En un vaso ponemos una cucharadita de almidón de maíz con un poco de agua y lo disolvemos. Cuando la salsa rompa a hervir, vamos añadiendo poco a poco el almidón y, sin parar de remover con la varilla, dejamos que vaya espesando hasta obtener una salsa densa, pero fluida. Reservamos la salsa en el cazo con el fuego apagado.

Sacamos la marinada de pollo de la nevera, pasamos los trozos de carne escurridos por el rebozado y freímos en una olla o sartén con fondo en abundante aceite a 180 °C hasta que la superficie tenga un color dorado intenso. Vamos friendo por tandas y dejando reposar sobre papel absorbente para retirar el exceso de aceite. Reservamos.

Metemos todo el pollo frito en un bol grande, añadimos por encima la salsa bien caliente y mezclamos muy bien para que la superficie del pollo se impregne de la salsa.

Terminamos con cebollino picado y chile fresco en rodajitas.

RABO DE TORO TRADICIONAL

RACIONES: 3

TIEMPO ELABORACIÓN:
1 hora y 30 minutos

RESTRICCIONES ALIMENTARIAS: sin lactosa, gluten free

INGREDIENTES:

1 kg de rabo de toro
1 cebolla dulce grande
2 zanahorias medianas
200 ml de vino tinto con cuerpo
1 c. s. de tomate concentrado
1 hoja de laurel
400 ml de fondo oscuro (ver receta p. 38)
300 ml de agua
1 c. s. de aceite de ajo y perejil (ver receta p. 33)
AOVE
sal
pimienta negra
cebollino fresco (opcional)

No acostumbro a usar mucho la olla a presión porque soy más de cocinar laaargo y tendido, pero he de decir que para este tipo de carnes que son muy duras, los resultados son maravillosos y ¡en ⅓ de tiempo menos lo tenéis listo!

Empezamos con un bueno chorro de AOVE en la olla a fuego alto. Salpimentamos nuestro rabo de toro y marcamos bien por todas sus caras hasta que esté dorado y sellado. Sacamos la carne a un plato y reservamos.

En la misma olla agregamos la cebolla pelada y cortada en trozos de 1 cm con un poco de sal y la cocinamos a fuego medio bajo hasta que esté transparente. Añadimos las zanahorias peladas y cortadas en rodajas de ½ cm de grosor y cocinamos hasta que el sofrito esté caramelizado.

Añadimos el rabo de toro junto con los jugos que haya soltado, el aceite de ajo y perejil y la hoja de laurel. Cocinamos 1 minuto para integrar. Agregamos el vino a fuego alto y reducimos hasta que el alcohol se evapore. Añadimos el tomate concentrado y cocinamos un minuto. Finalmente cubrimos con el fondo oscuro y el agua. Corregimos de sal, levantamos a hervor y tapamos la olla. Cocinamos a fuego bajo durante unos 50 minutos.

Una vez pasados los 50 minutos, abrimos la olla despresurizándola y separamos el líquido de la carne. Aquí os dejo dos opciones: 1) reducir el líquido hasta conseguir una glasa (que haya reducido casi ¹/₁₀ de su volumen), añadirle 20-30 g de mantequilla y emulsionar. 2) Mezclar el líquido con las verduras (cebolla y zanahoria), dejar reducir y triturar todo junto.

Servimos el rabo de toro, salseamos por encima y terminamos con cebollino fresco picado (opcional).

CANELÓN CASERO DE RABO DE TORO

RACIONES: 10-12

TIEMPO ELABORACIÓN: 60 minutos

RESTRICCIONES ALIMENTARIAS: N/A

INGREDIENTES:

400 g de rabo de toro guisado (ver receta p. 200)

100 ml de salsa de rabo de toro (ver receta p. 200)

6 setas shiitake

10-12 placas de pasta para canelones (ver receta p. 166)

un puñado de sal

AOVE

pimienta negra

queso parmesano

Para la bechamel:

30 g de harina de trigo

30 g de mantequilla sin sal

400 ml de leche entera

sal, pimienta y nuez moscada al gusto

salsa de rabo de toro

Lo primero que vamos a hacer es la pasta casera. Ponemos en una olla grande un puñado de sal y llevamos a ebullición. La cocemos unos 4-5 minutos, colamos y le pasamos un chorrito de agua fría del grifo para cortar la cocción. Lo ideal es que quede al dente. Si no la queréis preparar en casa, siempre podéis comprar las placas de canelón precocinado en el supermercado.

Picamos las setas shiitake y las cocinamos en una sartén con un poco de AOVE y sal. Una vez listas, añadimos la carne desmenuzada del rabo de toro y un poco de su propia salsa, cocinamos un par de minutos a fuego medio para que tome temperatura, apagamos el fuego y reservamos.

En una superficie lisa, colocamos la pasta cocida extendida sin que se toque entre sí. Ponemos el relleno del rabo de toro en cada una de ellas, enrollamos y vamos colocando los canelones en una fuente apta para horno. Reservamos.

Precalentamos el horno a 200 °C con la función del grill. Mientras tanto, hacemos la bechamel. En un cazo, añadimos la mantequilla, la harina y las especias al gusto, cocinamos 3 minutos y vamos añadiendo poco a poco la leche sin parar de remover con ayuda de unas varillas. Una vez tengamos toda la leche en el cazo, sin dejar de remover y a fuego medio-alto, cocinamos la bechamel hasta que hierva y veamos que ha espesado. Añadimos la salsa del rabo de toro para tintarla y para que le dé un buen sabor.

Una vez lista, cubrimos los canelones con la bechamel. Rallamos queso parmesano por encima y horneamos hasta que el queso se haya dorado y se haya creado una costra.

TIPS: A la hora de hacer la bechamel, si agregáis la leche de golpe es muy fácil que se os formen grumos. A mí siempre me queda superlisa si la vierto poco a poco mientras la integro con unas varillas.

ALBÓNDIGAS CON SALSA DE CEBOLLA Y VINO TINTO

RACIONES: 18-24

TIEMPO ELABORACIÓN:
2 horas

RESTRICCIONES ALIMENTARIAS: N/A

INGREDIENTES:

Para las albóndigas:

200 g de aguja de ternera picada
250 g de cabecero de lomo de cerdo picado
1 cebolla dulce mediana
3 dientes de ajo
2 c. s. de perejil picado
3 rebanadas de pan de molde
50 ml de leche entera
1 huevo
100 g de harina
sal
pimienta negra

Para la salsa:

1 cebolla dulce grande
1 c. s. aceite de ajo y perejil (ver receta p. 33)
200 ml de vino tinto de calidad
½ c. s. de tomate concentrado
500 ml fondo oscuro de carne (ver receta p. 38)
AOVE

cebollino fresco (opcional)

Para hacer las albóndigas, pelamos y picamos la cebolla y el ajo en brunoise y los sofreímos en una sartén con un poco de AOVE hasta que estén con un tono dorado. Mientras tanto, picamos las hojas de perejil muy finas. En un recipiente, metemos las rebanadas de pan y añadimos la leche. Dejamos que el pan la absorba por completo.

En un bol grande, ponemos las dos carnes picadas, el perejil picado, el pan con la leche escurrida y sin la corteza, el huevo, la cebolla y el ajo que hemos dorado y salpimentamos al gusto. Mezclamos todo y hacemos bolas de unos 20-25 g. Enharinamos y freímos las albóndigas en una olla a fuego fuerte con 4 c. s. de AOVE para sellarlas. Una vez doradas, las reservamos sobre papel absorbente.

En la misma olla, caramelizamos la cebolla pelada y cortada en juliana final a fuego medio bajo sin parar de remover con una pizca de sal. Os llevará unos 20-25 minutos. Una vez lista, añadimos el aceite de ajo y perejil y cocinamos 1 minuto. Subimos el fuego y desglasamos con vino tino. Dejamos reducir el vino hasta que se evapore el alcohol.

Añadimos las albóndigas a la olla junto con todos los jugos que han soltado y la pasta de tomate. Cocinamos 2 minutos. Añadimos el fondo oscuro caliente, levantamos a hervor, bajamos el fuego a medio-bajo y tapamos. Cocinamos durante 10-12 minutos. Sacamos las albóndigas y dejamos la salsa en la olla.

Si la salsa está muy líquida, dejamos reducir a fuego fuerte y trituramos. Pasamos por colador fino para tener una salsa fina y agregamos las albóndigas para terminar de cocinarla en su salsa. Terminamos con cebollino fresco picado (opcional).

c. s. = cucharada sopera
c. c. = cucharadita de café

DULCES

TORRIJA DE BRIOCHE CON CREMA DE LIMA

RACIONES: 4

TIEMPO ELABORACIÓN: 60 minutos

RESTRICCIONES ALIMENTARIAS: vegetariano

INGREDIENTES:

Para la torrija:

4 lingotes de brioche (ver receta p. 66)
500 ml de leche entera
1 canela en rama
2 trozos de piel de lima
2 trozos de piel de naranja
½ vaina de vainilla
30 g de azúcar blanco
1 huevo
aceite de oliva suave para freír
canela en polvo
azúcar blanco

Para la crema de lima:

30 g de zumo de lima
3 g de almidón de maíz
2 huevos
100 g de azúcar blanco
ralladura de ½ lima
40 g de mantequilla sin sal derretida

Infusionamos la leche para empapar las torrijas. En un cazo ponemos la leche, la canela, las pieles de los cítricos, el interior de media vaina de vainilla y el azúcar. Llevamos a ebullición a fuego medio removiendo de vez en cuando. Cuando rompa a hervir, apagamos el fuego, tapamos el cazo y dejamos infusionar a temperatura ambiente hasta que la leche se temple.

Cortamos el pan de brioche con forma de lingote (de unos 2,5 cm × 5 cm, aproximadamente). En una fuente con fondo, ponemos las rebanadas y las empapamos con la leche infusionada, que habremos colado. Dejamos en remojo y vamos dándole vueltas durante una media hora o hasta que el pan la haya absorbido bien.

Mientras tanto, preparamos la crema de lima: en un bol batimos los huevos junto con el azúcar hasta blanquearlos. Añadimos la ralladura y el zumo de lima, el almidón de maíz y la mantequilla derretida (pero no caliente). Vertemos la mezcla en un cazo y cocinamos a fuego muy bajito, removiendo con varillas hasta que espese. Tapamos a piel y dejamos enfriar a temperatura ambiente. Una vez templado, introducimos en una manga pastelera y reservamos en la nevera.

Cuando los lingotes de brioche estén bien empapados, los escurrimos un poco antes de freír. Ponemos una sartén a fuego medio con abundante aceite y mientras sube la temperatura, batimos el huevo en un bol, empapamos la superficie de cada lingote y freímos por todas sus caras con el aceite a 180 °C.

Cuando estén bien dorados por todas partes, los rebozaremos bien en una mezcla de canela y azúcar blanco. Hacemos un agujero en el medio del brioche para rellenarlo con la crema de lima.

Rellenamos cada brioche con la crema de lima y a gozar.

BEST AMERICAN COOKIE

RACIONES: 12-15

TIEMPO ELABORACIÓN: 45 minutos

RESTRICCIONES ALIMENTARIAS: sin lactosa, vegetariano

INGREDIENTES:

460 g de harina floja
200 g de mantequilla pomada
200 g de azúcar blanco
200 g de panela
2 huevos tamaño L
1 c.s. de extracto de vainilla
10 g de impulsor
6 g de bicarbonato
10 g de sal Maldon
200 g de avellana tostada
200 g de chocolate negro

Lo primero que haremos será sacar la mantequilla del frigorífico (mucho antes de empezar a hacer la receta) para que se ablande a temperatura ambiente. Entonces la trabajaremos con una varilla con mucha energía. Nos debe quedar como una crema superfácil de untar. Añadimos los dos azúcares y mezclamos con una varilla durante unos 5 minutos. Añadimos los huevos y el extracto de vainilla, y mezclamos otros 5 minutos. Nos debe quedar una mezcla muy aireada.

En un bol grande ponemos todos los ingredientes secos: la harina, el impulsor, el bicarbonato y la sal, y mezclamos muy bien. Vamos añadiendo en varias tandas los secos a la mezcla de huevo, mantequilla y azúcar mientras trabajamos la masa con una varilla hasta integrarlo todo. Veréis que la última parte de harina os costará mucho más trabajarla, así que podéis usar las manos. Os debe quedar una masa jugosa para hacer bolas con facilidad, sin que se os pegue en las manos. Si necesitamos más harina, agregamos más poco a poco hasta conseguir la consistencia deseada.

Añadimos el chocolate picado en trozos de ½ cm aproximadamente y las avellanas tostadas. Mezclamos todo bien con las manos para que el chocolate y la avellana queden bien repartidos por la mezcla.

Para hornear: hacemos bolas del tamaño que más nos guste (a mí me encantan bien gorditas para que me quede una cookie enorme y jugosa). Precalentamos el horno a 170 °C. Colocamos las bolas de masa sobre un papel vegetal en una bandeja de horno con bastante espacio entre sí para que al cocerse no se peguen y horneamos durante unos 7- 8 minutos.

Sacamos del horno y dejamos reposar a temperatura ambiente unos 10 minutos sin tocarlas (estarán superblandas). Pasado ese tiempo, las ponemos sobre una rejilla, donde se terminarán de enfriar.

BIZ«CHOCO» SIN GLUTEN

RACIONES: 8-10

TIEMPO ELABORACIÓN:
1 hora 30 minutos

RESTRICCIONES ALIMENTARIAS: gluten free, vegetariano

INGREDIENTES:

Para el bizcocho:

220 g de boniato asado
140 ml de leche entera
60 g de sirope de arce
1 c.s. de vinagre balsámico de Módena
1 c.c. de extracto puro de vainilla
150 g de harina de almendra
40 g de azúcar moreno
una pizca de sal
1 c.c. de bicarbonato
1 c.c. de impulsor
4 dátiles grandes
25 g de cacao en polvo

Para el frosting:

100 g de queso crema
75 g de mantequilla pomada
110 g de azúcar glas
una pizca de extracto de vainilla

Para las nueces chinas caramelizadas:

75 g de nueces peladas
70 ml de agua
70 g de azúcar
30 g de miel
abundante aceite de girasol para freír

Vamos a hornear los boniatos enteros y con piel a 160 °C durante unos 50-60 minutos o hasta que al pincharlos estén blandos. Sacamos del horno, dejamos que templen y les sacamos toda la carne. Reservamos.

En un procesador de alimentos, agregamos todos los ingredientes para el bizcocho y lo trituramos hasta conseguir una pasta. Metemos en una manga pastelera y rellenamos los moldes de silicona (el mío era de moldes de 2 x 4 cm). Horneamos durante unos 15 minutos en horno precalentado a 200 °C o hasta que el corazón del bizcocho llegue a los 90 °C. Sacamos del horno, dejamos enfriar a temperatura ambiente y después en nevera. Una vez frío desmoldamos y reservamos.

Para el frosting, vamos a trabajar la mantequilla hasta que sea fácilmente untable y tenga un poco de aire. Reservamos. Hacemos lo mismo con el queso crema en un bol. Mezclamos ambos y añadimos el azúcar glas y el extracto de vainilla. Mezclamos bien hasta homogeneizar. Reservamos en frío en manga pastelera durante al menos 10 minutos.

Para las nueces caramelizadas, vamos a hervirlas durante 1 minuto en abundante agua, las colamos y repetimos la acción 2 veces más con agua limpia. Dejamos escurrir en el colador. En una sartén a fuego medio-bajo, ponemos el azúcar, la miel y el agua y hacemos un caramelo (que no esté muy oscuro y que siga bastante fluido). Añadimos las nueces fuera de fuego y con una espátula las empapamos bien por toda la superficie. Las colocamos sobre un papel vegetal y dejamos que enfríen bien, separadas entre sí. En un cazo limpio, colocamos las nueces caramelizadas y las cubrimos de aceite frío de girasol. Encendemos el fuego y dejamos que se vayan cocinando hasta que adquieran un color marrón oscuro, las sacamos con una espumadera y reservamos.

Ponemos encima de cada bizcochito de chocolate un poco de frosting y terminamos con una o dos nueces caramelizadas.

CHEESECAKE CON CARAMELO SALADO DE MISO

RACIONES: 6

TIEMPO ELABORACIÓN: 50 minutos

RESTRICCIONES ALIMENTARIAS: vegetariano

INGREDIENTES:

Para el cheesecake:

80 g de queso de oveja semicurado
150 g de nata 35 % M. G.
250 g de queso crema
100 g de azúcar blanco
4 huevos

Para la base de galleta:

150 g de galleta tipo digestive
100 g de mantequilla

Para el caramelo salado de miso:

50 g de azúcar blanco
50 g de mantequilla sin sal
30 g de pasta de miso
50 g de nata 35 % M. G.

En un cazo a fuego medio ponemos la nata para montar y el queso de oveja rallado fino. Mezclamos hasta que se derrita el queso y lo sacamos del fuego intentando que no llegue a hervir. Reservamos.

En un bol, ponemos el queso crema y lo trabajamos hasta que esté más blando. Vamos agregando poco a poco la nata con el queso de oveja hasta que quede una mezcla ligera y uniforme. Evitaremos mezclarlo mucho para no incorporar aire, añadimos el azúcar y mezclamos hasta que esté disuelta; luego agregamos los huevos uno a uno. Reservamos.

En un vaso de batidora, trituramos las galletas y la mantequilla hasta obtener una pasta. Forramos la base de un molde desmontable redondo (20 cm) con papel vegetal y untamos un poco de mantequilla. Ponemos la base de galleta con mantequilla por toda la superficie, ejerciendo presión con las manos. Vertemos la mezcla y horneamos durante unos 20-25 minutos a 200 °C con calor arriba y abajo, en el nivel inferior del horno. Sacamos, dejamos enfriar a temperatura ambiente y luego en nevera en el molde.

Para el caramelo de miso ponemos en un cazo el azúcar blanco y, a fuego medio sin remover, hacemos un caramelo seco. Cuando esté dorado, añadimos la pasta de miso y mezclamos bien con una varilla hasta que no queden grumos. Incorporamos la mantequilla cortada en dados pequeños poco a poco con la varilla y, una vez esté todo integrado, agregamos la nata fuera de fuego removiendo bien para crear la emulsión. Dejamos enfriar.

Sacamos el cheesecake de la nevera, desmoldamos con cuidado y cubrimos la superficie con el caramelo salado de miso.

FILLOAS GALLEGAS, NATA, SIROPE DE ARCE, MANTEQUILLA

RACIONES: 12-15

TIEMPO ELABORACIÓN: 1 hora 30 minutos

RESTRICCIONES ALIMENTARIAS: vegetariano

INGREDIENTES:

275 ml de leche entera
100 g agua
3 huevos tamaño M
100 g de harina
10 g de ghee (ver receta p. 34)
1 c. c. de sal
ghee o mantequilla para pintar la sartén
nata para montar 35 % M. G.
1 dado de mantequilla por filloa
sirope de arce al gusto

Para la masa de las filloas tamizamos la harina con un colador fino para evitar grumos. Derretiremos el ghee (o la mantequilla) y en un vaso de batidora añadimos la leche entera, el agua, los huevos, la harina tamizada, la sal y el ghee derretido. Trituramos hasta conseguir una crema homogénea y bastante ligera. Pasamos por un colador fino y dejamos reposar durante al menos 30 minutos, tapado a piel.

Mientras tanto, vamos a montar la nata. Necesitamos un bol, la nata bien fría, una varilla y un buen brazo. Reservamos cuando esté montada.

En una sartén a fuego medio, ponemos un poco de mantequilla por toda la superficie. Removemos bien la mezcla y, una vez esté caliente, agregamos un poco de masa. No hay que añadir mucho, de hecho, la idea es que nos queden muy finitas y para ello, vamos a repartir la masa con movimientos circulares por toda la superficie de la sartén.

La cocinamos hasta que veamos que van saliendo burbujitas, que el color va cambiando y que los bordes se irán separando por sí solos de la sartén.

Con un movimiento rápido, despegamos la filloa con las manos y la cocinamos por la otra cara. La idea es que quede la masa completamente cocida y que haya tomado un poco de color dorado.

La sacamos de la sartén y la dejamos reposar envuelta en un trapo hasta tenerlas todas hechas. No hace falta engrasar la sartén con mantequilla para cada filloa, yo normalmente le pongo un poco cada 3 o 4.

Doblamos las filloas y las rellenamos con nata montada. Ponemos un trocito de mantequilla encima y terminamos con un chorro de sirope de arce.

FLAN SUPERCREMOSO BY SARAY

RACIONES: 8-10

TIEMPO ELABORACIÓN: 2 horas

RESTRICCIONES ALIMENTARIAS: vegetariano, gluten free

INGREDIENTES:

1 l de nata 35 % M. G.

60 g de azúcar blanco

160 g de yema de huevo

1 vaina de vainilla

200 g de azúcar blanco para el caramelo

Ponemos en un cazo la nata junto con la vaina de vainilla abierta por la mitad y todo su interior. Subimos la temperatura poco a poco a fuego medio sin que llegue a hervir. Retiramos del fuego, tapamos y dejamos infusionar hasta enfriar. Una vez fría, la colamos con un colador de malla fina.

En un bol, agregamos las yemas y el azúcar, y mezclamos con ayuda de unas varillas con movimientos lentos para evitar agregar aire a la mezcla hasta que no se note el grano de azúcar. Añadimos la nata mezclando con movimientos lentos. La idea es que quede una mezcla líquida sin aire, ya que eso será lo que nos aporte la cremosidad extrema del flan. Reservamos.

En un cazo, haremos un caramelo seco. Ponemos el azúcar blanco y, a fuego medio, sin tocarlo, dejamos que vaya derritiéndose poco a poco. Debe quedar un caramelo con un color tostado. Repartimos un poco de caramelo por la base de las flaneras. Dejamos que cristalice y vertemos la mezcla del flan dejando 1 cm de los moldes sin rellenar.

Precalentamos el horno a 120 °C en función vapor. Si no tiene función vapor, haremos lo siguiente: colocamos los moldes con la mezcla de flan con muchísimo cuidado dentro de una fuente apta para horno y lo filmamos superbién, que no haya entrada de aire posible. Hacemos un agujerito pequeño en la superficie del film para verter el agua que hará el baño maría hasta que llegue un poco más allá de la mitad de los moldes. Tapamos el agujero con otra capa de papel film y cocemos en el horno 1 hora y 10 minutos, aproximadamente. Sacamos del horno, quitamos el papel film y enfriamos primero a temperatura ambiente y después en nevera.

MINIHISTORIA

Esta receta se la tengo que agradecer a Saray, amiga y maestra chocolatera. Saray es de esas personas apasionadas con lo que hacen, curranta como si no hubiese un mañana y que comparte feliz su conocimiento para que las personas (como yo y todos sus alumnos) aprendan a cocinar con sentido y gusto.

ARROZ CON LECHE BY MAMACHICHA

RACIONES: 6-8

TIEMPO ELABORACIÓN: 2 horas

RESTRICCIONES ALIMENTARIAS: gluten free, vegetariano

INGREDIENTES:

360 g de arroz redondo
1 l de nata 35 % M. G.
2,6 l de leche entera
380 g azúcar
5 g de sal
2 vainas de vainilla
1 rama de canela
piel de 1 naranja
piel de 1 limón
canela en polvo

En una olla incorporamos la nata y la leche junto con las pieles de los cítricos, la rama de canela y las vainas de vainilla abiertas y con el interior rascado. Llevamos a hervor poco a poco a fuego medio y, justo antes de que rompa a hervir, retiramos del fuego, tapamos y dejamos que enfríe a temperatura ambiente (durante 1 hora al menos).

Colamos la nata y leche infusionada; dejamos solo la canela dentro. La vertemos en la misma olla y añadimos el arroz. Cocinamos a fuego medio sin parar de remover durante unos 20-25 minutos (o hasta que el arroz esté en su punto).

Una vez esté listo, añadimos fuera de fuego el azúcar y la sal para que se derrita. Movemos durante unos minutos para que todo se disuelva e integre bien.

Pasamos el arroz a un recipiente grande con bastante superficie (una bandeja de horno grande funcionaría genial) y dejamos enfriar a temperatura ambiente. No os asustéis porque parezca que quede muy líquido; en cuanto baje de temperatura, espesará.

Servimos en diferentes recipientes y lo terminamos de enfriar en la nevera. Antes de servir, espolvoreamos con un poco de canela en polvo con ayuda de un colador.

MINIHISTORIA

Aquí no podía faltar una receta de arroz con leche de toda la vida, pero hecho con conciencia y entendiendo por qué los pasos se deben hacer de una manera y no de otra. ¿Y a quién le he preguntado yo cómo se hace porque me fío al cien por cien de que es sin duda el mejor del mundo? A mi amiga Chantal, propietaria de Mamachicha, en el Puerto de Santa María, un obrador donde se dedica a materializar su arte y su creatividad y a hacer delicias dulces (y saladas) que son un vicio.

c. s. = cucharada sopera
c. c. = cucharadita de café

AGRADECIMIENTOS

A mi padre le debo la pasión por la cocina, me demostraba todo su amor a través de lo que cocinaba y me daba a probar. Siempre me daba las mejores partes de cada plato y me explicaba por qué una materia prima era más buena que otra y cómo era la mejor manera de cocinar cada una según sus características. Él era el que solía cocinar en casa y recuerdo desde bien pequeñita verlo preparar todo lo que iba a cocinar con una minuciosidad, una atención y cariño extremos.

A mi madre le debo el piquito fino que me ha dado, porque ella también lo tiene; porque ha comido rico toda la vida y sobre todo porque le encanta comer y lo disfruta como nadie. Siempre ha sido la que me ha llevado a los restaurantes que más me gustaban cuando una no se podía permitir pagarlos. Y no solo eso, sino que le debo que haya confiado en mí y que siempre me haya apoyado en todas las decisiones que he ido tomando a lo largo de mi vida. No tengo ninguna duda de que gracias a ella estoy donde estoy.

A todas mis tías: Mari Carmen, Charo, Loli y Eleni, que además de ser las personas más buenas y generosas que conozco en este mundo, son todas unas cocineras de diez. A ellas les debo el haberme enseñado lo que es cocinar con amor para la familia y con un toque a tradición que me quita «el sentío».

A Pati, que ha sido, es y será de las personas más importantes de mi vida, que siempre ha estado al pie del cañón ayudándome cuando lo he necesitado y que es de esas personas que son casa.

A Bea, por todas las horas y la currada que nos hemos pegado con el *shooting* de todas las fotos del libro, por lo maravillosas que han quedado (porque es una artiiista) y por lo fácil que me lo ha puesto todo.

GRACIAS

A PAPÁ

POLLO BLANCO AL ESTILO CHINO

RACIONES: 4

TIEMPO ELABORACIÓN:
1 día de preelaboración
+ 40 minutos de elaboración

RESTRICCIONES ALIMENTARIAS: sin lactosa, gluten free

INGREDIENTES:

1 pollo entero de 2 kg
1 pastilla de caldo de ave
sal
pimienta negra en polvo
1 lechuga romana
2 dientes de ajo
50 ml de salsa de soja
200 ml de aceite de girasol
3 tallos de cebolleta

La noche anterior a preparar esta receta, salpimentaremos el pollo, previamente eviscerado tanto por la piel como por dentro. No os cortéis en ponerle sal y pimienta (a ver, tampoco es dejarlo con una capa negra de la pimienta molida, pero no os quedéis cortos).

Al día siguiente, tocará hervirlo. Primero, ponemos una olla con suficiente capacidad al fuego con agua, disolvemos la pastilla de caldo de ave y, una vez empiece a hervir, introducimos el pollo. Debe quedar completamente sumergido. Lo hervimos durante unos 20 minutos, lo sacamos del agua, escurrimos bien y dejamos reposar a temperatura ambiente hasta que temple en una fuente.

Mientras, vamos a preparar las dos otras elaboraciones. Para la lechuga frita, deshojamos la lechuga romana, lavamos bien las hojas y escurrimos de agua. Pelamos y laminamos los ajos finamente. En una sartén grande, ponemos un poco de aceite de girasol y, una vez haya tomado temperatura, añadimos los ajos. Cuando empiecen a bailar sin haber tomado color, incorporamos las hojas de lechuga y cocinamos hasta que pierdan agua y se vuelvan más flexibles. La idea es que se sigan manteniendo algo crujientes por el tallo. Añadimos la salsa de soja y dejamos reducir unos minutos. Retiramos del fuego y reservamos.

Para el aceite de cebolleta, pondremos el aceite de girasol en un cazo al fuego. Mientras va tomando temperatura, lavamos y picamos en rodajas finas la cebolleta y la ponemos en un bol de cerámica o cristal que aguante bien el calor junto con una pizca de sal. Una vez el aceite esté bien caliente, lo verteremos encima de la cebolleta con sal y dejaremos que infusione unos minutos.

Cuando el pollo se haya templado, cortaremos muslos, contramuslos, alitas y la pechuga en 3 trozos. Emplatamos en una fuente grande junto con la lechuga frita con soja y servimos con el aceite del tallo de cebolleta por encima.

A PAPÁ

COSTILLAS IBÉRICAS AGRIDULCES

RACIONES: 3-4

TIEMPO ELABORACIÓN: 40 minutos

RESTRICCIONES ALIMENTARIAS: sin lactosa, gluten free

INGREDIENTES:

Para las costillas:

800 g de costillas de cerdo Ibérico
sal
pimienta
1 hoja de laurel
aceite de oliva suave
cebollino fresco picado
semillas de sésamo

Para la salsa agridulce:

1 diente de ajo
3 c. s. de azúcar moreno
2 c. s. de miel
6 c. s. de kétchup
3 c. s. de salsa de soja
2 c. s. de salsa Worcestershire
½ c. c. de pimienta blanca en polvo
1 vaso de agua

Lo primero que vamos a hacer es preparar las costillas. Podéis pedirle a vuestro carnicero/a que os las deje cortadas en tamaños de bocado (en dos o tres trozos) y que les retire el exceso de grasa.

En una olla a presión, ponemos las costillas salpimentadas y la hoja de laurel, y las cubrimos de agua. Llevamos a hervor, retiramos la espuma blanca que vaya saliendo de las impurezas, tapamos y, una vez que empiece a subir la presión, bajamos el fuego al mínimo. Para que queden bien blanditas, las cocinamos durante unos 20 minutos. Una vez pasado este tiempo, abrimos la olla cuando haya bajado de temperatura y le hayáis quitado toda la presión y colamos las costillas para retirar toda el agua.

Mientras se hace la carne, prepararemos la salsa con la que vamos a glasearla. En un cazo, ponemos todos los ingredientes de la salsa junto con el diente de ajo pelado y rallado finamente. Mezclamos bien hasta que levante el hervor y una vez haya espesado un poco, retiramos del fuego. Reservamos.

En un wok o en una sartén grande, ponemos un buen chorro de aceite de oliva y salteamos las costillas a fuego fuerte hasta que se doren por la superficie. Agregamos la salsa agridulce y vamos removiendo con ayuda de una espátula para que se impregnen bien.

Servimos en una bandeja y terminamos con cebollino fresco finamente picado y semillas de sésamo (ambas opcionales).

MINIHISTORIA

Recuerdo cuando mi padre hacía esta receta en casa. Era muy bestia cómo toda la casa se impregnaba del olor de la carne de cerdo al cocerse y del aroma dulzón de la salsa.

A PAPÁ

ROLLITOS PRIMAVERA

RACIONES: 10-12 unidades

TIEMPO ELABORACIÓN: 1 hora 15 minutos

RESTRICCIONES ALIMENTARIAS: sin lactosa, vegetariano, vegano

INGREDIENTES:

Para el relleno del rollito:

2 zanahorias medianas
¼ repollo liso
1 cebolla dulce grande
1 pastilla de caldo de ave
3 c. s. de aceite de girasol
½ c. s. de glutamato
sal
10-12 hojas de pasta filo para el rollito de primavera
tallo de cebolleta

Para la salsa agridulce casera:

250 g de almíbar de piña
150 g de azúcar blanco
90 ml de vinagre de arroz
3 c. s. de kétchup
2 c. s. de salsa de soja
1,5 c. s. de almidón de maíz
30 g de agua para disolver el almidón de maíz

Pelamos y cortamos todas las verduras en juliana muy fina. Reservamos. En una sartén grande y a fuego medio añadimos el aceite de girasol y cocinamos la cebolla hasta que esté transparente. Añadimos la zanahoria y el repollo, la sal, el glutamato y la pastilla de caldo bien desecha. Salteamos todo hasta que estén cocinadas pero que aún conserven la mordida crujiente. Dejamos enfriar.

Para la salsa agridulce, en un cazo, ponemos todos los ingredientes menos el almidón de maíz. Llevamos a hervor y añadimos poco a poco el almidón de maíz disuelto en un poco de agua para espesar la salsa.

Hacemos los rollitos primavera con un poco de sofrito de verduras envuelto en la pasta filo dándoles forma de rollito. Los colocamos en una bandeja de horno y los pintamos con aceite. Horneamos a 180 °C por las dos caras hasta que la masa esté dorada y crujiente.

Terminamos con un poco de salsa por encima y tallo de cebolleta en rodajas (opcional).

MINIHISTORIA

La receta por excelencia de mi padre y por la que todo el mundo se moría cada vez que la hacía. Hay una anécdota muy graciosa de cuando preparaba este plato e invitábamos a gente a casa a comer. La receta que os dejo aquí es la que siempre hacía de cero, la básica de los rollitos primavera (que está más que buenísima), pero había otras veces que, si había sobrado comida del día anterior, la desmenuzaba con mucho cuidado y le añadía alguna cosilla para mejorar el relleno de los rollitos. Mi padre siempre se reía y decía: «Si supieran que son de las sobras de ayer». A mí, de pequeña, me daba vergüenza pensar que los invitados se enterasen de que eran «sobras» de comida. A día de hoy digo: «¡Qué tío, él ya estaba a tope con las recetas de aprovechamiento!».

A MAMÁ

CHÍCHAROS CON ALCAUCILES

RACIONES: 3

TIEMPO ELABORACIÓN: 50 minutos

RESTRICCIONES ALIMENTARIAS: vegano, vegetariano, sin lactosa

INGREDIENTES:

6 alcauciles (o alcachofas)
1 kg de habas frescas con vaina
1 kg de chícharos con vaina (o guisantes)
agua para cubrir
4 dientes de ajo
1 hoja de laurel
2 cebolletas blancas medianas
1 manojo de perejil
2 c.s. de pan rallado
½ limón
pimienta negra molida
sal
AOVE

Vamos a preparar las verduras: desgranamos tanto las habas como los chícharos. Quitamos la primera capa de la cebolleta y picamos en brunoise. Pelamos los dientes de ajo y los cortamos en brunoise. Limpiamos las hojas más duras del exterior de los alcauciles hasta quedarnos con la parte más pegada al corazón. Cortamos la punta para dejarlos planos y descorazonamos el centro (si tenéis un descorazonador de manzanas, funciona fenomenal). Pelamos el tallo y lo cortamos en rodajas de 1 cm, ya que también lo guisaremos, y los vamos dejando en agua con un buen chorro de limón para que no se nos oxiden. Picamos muy finamente las hojas de perejil. Reservamos todas las verduras.

En un bol añadimos los ajos y el perejil picados junto con una pizca de sal y el pan rallado y mezclamos bien. Reservamos.

En una olla ponemos las habas, los chícharos, la cebolleta picada, los tallos de los alcauciles y la hoja de laurel. Añadimos un buen chorro de AOVE y colocamos los alcauciles repartidos por toda la olla y con la parte del corazón mirando hacia arriba. En cada uno pondremos una cucharada sopera de la mezcla del perejil, ajo y pan rallado. Cubrimos de agua, salpimentamos al gusto y llevamos a hervir.

Una vez haya hervido, bajamos a fuego medio y cocinamos tapado unos 30-35 minutos o hasta que todas las verduras estén blandas.

MINIHISTORIA

Este plato siempre me recuerda a mi madre. La realidad es que ella no es la más fan de cocinar; eso sí, comer le gusta muchísimo. Tiene un paladar la mar de afinado y sabe perfectamente lo que está bueno y lo que no. Está claro que de ahí me viene el saber lo que es el «buen comé».

A MAMÁ

CALAMARES RELLENOS DE MI MADRE

RACIONES: 2

TIEMPO ELABORACIÓN: 1 hora 30 minutos

RESTRICCIONES ALIMENTARIAS: sin lactosa, gluten free

INGREDIENTES:

8 calamares frescos medianos
2 cebollas medianas dulces
2 dientes de ajo
2 c.s. de tacos de jamón ibérico
1 c.s. de piñones
1 huevo
1 c.s. de perejil picado
1 hoja de laurel
100 ml de vino manzanilla
aceite de ajo y perejil (ver receta p. 33)
1 c.c. de tomate concentrado
500 ml de fumet rojo de marisco (ver receta p. 41)
sal
pimienta negra
AOVE
cebollino fresco (opcional)

Vamos a preparar los calamares. Separamos la cabeza del cuerpo. Quitamos la «pluma» o esqueleto del cuerpo y limpiamos con agua sus interiores. De la cabeza nos quedamos con los tentáculos que también vamos a limpiar con agua y picarlos finamente. Reservamos.

En una olla vamos a preparar el relleno del calamar: caramelizamos la cebolla cortada en brunoise junto con los ajos con un poco de AOVE, sal y pimienta. Añadimos los tentáculos picados y cocinamos hasta que estén dorados. Desglasamos con el vino manzanilla. Una vez se haya evaporado el alcohol, añadimos el jamón cortado a taquitos, un huevo duro bien picado, los piñones tostados y el perejil finalmente picado y corregimos de sal y pimienta si fuese necesario. Cocinamos 1 minuto para integrar los sabores y reservamos.

Rellenamos ⅓ los cuerpos del calamar con el relleno y cerramos con un palillo. En la misma olla del sofrito, ponemos un bueno chorro de AOVE y caramelizamos la otra cebolla cortada en juliana fina con un poco de sal. Una vez caramelizada, añadimos el aceite de ajo y perejil, la hoja de laurel y el tomate concentrado. Cocinamos 1 minuto para integrar sabores. Añadimos los calamares a la olla y los cocinamos un par de minutos. Agregamos el fumet bien caliente y cocinamos tapado 10 minutos a fuego medio.

Sacamos los calamares, reducimos la salsa a la mitad y la trituramos. Mezclamos los calamares con la salsa en la olla y cocinamos un par de minutos en su propia salsa. Terminamos con cebollino fresco picado.

MINIHISTORIA

Otro plato de las joyitas de mi madre. Es puro sabor a mar y, aunque como dice ella, «tiene una trabajera que no "vea"», el resultado final hace que merezca mucho la pena.

A PATI

HUEVOS BENEDICT

RACIONES: 1

TIEMPO ELABORACIÓN: 40 minutos

RESTRICCIONES ALIMENTARIAS: N/A

INGREDIENTES:

1 huevo muy fresco

1 pan brioche (ver receta p. 66)

mantequilla para planchar el brioche

2 lonchas de queso para derretir

3 lonchas de beicon

90 g de mantequilla derretida (aproximadamente)

1 yema

un chorrito de vinagre

jugo de ½ limón

sal

cebollino fresco (opcional)

Cortamos una rebanada de brioche, le ponemos mantequilla en ambas caras y lo tostamos a la plancha a fuego medio hasta que se dore por los dos lados. Reservamos.

Vamos a preparar el huevo poché. Tenéis la receta de huevo poché en la receta de huevos turcos en la página 156.

Doramos las lonchas de beicon a fuego medio en una sartén sin aceite para que desgrasen y se nos queden supercrujientes. Una vez esté el beicon dorado pondremos encima las lonchas de queso y lo dejamos derretir.

Montamos el plato con el brioche planchado como base, encima el bacon con el queso derretido y el huevo poché.

Por último, hacemos una salsa holandesa. Derretimos la mantequilla en un cazo o al microondas y reservamos. En un bol ponemos la yema, el chorro de limón y una pizca de sal en el bol, y con unas varillas mezclamos enérgicamente. Colocamos el bol sobre un cazo a fuego bajo con agua a punto de hervir y, sin parar de remover, vamos agregando a chorro fino la mantequilla hasta que forme una crema cada vez más densa y ligada. Una vez tengáis la salsa con la textura deseada, la sacáis del fuego y salseamos cubriendo nuestro huevo poché.

Terminamos con cebollino fresco picado.

MINIHISTORIA

Aquí os voy a contar un dato curioso, quizás muy íntimo, pero me da igual, porque considero que es de esas historias que nunca se me olvidarán. Este fue el primer plato que le cociné a Pati, literal, el día que la conocí. Ella dice que se enamoró del movimiento de mi muñeca con la varilla mientras montaba la salsa holandesa, y yo obviamente lo tenía todo estudiado. Unos huevos Benedict con salsa holandesa enamoran a cualquiera. Además, considero que la mejor manera de conquistar a alguien es a través de la comida, ¿no creéis? ;)

A MIS TÍAS

PAPAS ALIÑÁS

RACIONES: 3

TIEMPO ELABORACIÓN: 60 minutos

RESTRICCIONES ALIMENTARIAS: vegetariano, vegano, sin lactosa, gluten free

INGREDIENTES:

500 g de patata baby
2 c. s. de perejil fresco
1 cebolleta blanca pequeña
100 ml de AOVE
vinagre de Jerez (al gusto)
sal

En una olla con suficiente capacidad ponemos abundante agua con un puñado de sal y llevamos a ebullición. Una vez esté hirviendo, añadimos las patatas, que habremos lavado previamente por si tenían restos de arenilla. Cocinamos hasta que, al pincharlas, el cuchillo o palillo salga con facilidad y no opongan ninguna resistencia. Dejaremos que se templen dentro del agua.

Mientras, vamos a preparar el aliño con la cebolleta. Le quitamos la primera capa y picamos en brunoise. Deshojamos y picamos el perejil. En un bol, ponemos la cebolla picada, el perejil, el AOVE, vinagre al gusto y la sal.

Una vez estén templadas las patatas, las vamos a pelar con ayuda de un cuchillo pequeño o puntilla. Cortamos en tamaño de bocado y las incorporamos al bol con el aliño. Mezclamos bien para que quede todo impregnado y dejamos reposar al menos 30 minutos.

TIPS: Se pueden comer en el mismo día, pero a mí me encanta comerlas incluso al día siguiente, una vez hayan reposado con el aliño: están más sabrosas y cremosas.

A esta receta le queda superbién la melva o la ventresca de atún en conserva y un huevo duro. Así también hacéis el entrante más completo.

A MIS TÍAS

ZANAHORIAS ALIÑÁS

RACIONES: 4

TIEMPO ELABORACIÓN: 40 minutos

RESTRICCIONES ALIMENTARIAS: sin lactosa, gluten free, vegetariano, vegano

INGREDIENTES:

500 g zanahorias
agua para cocer
2 dientes de ajo
1 c. c. de comino en grano
sal
1 c. c. de pimienta blanca en polvo
1 c. c. de pimentón de la Vera
50 ml de AOVE
vinagre de Jerez al gusto
1 c. s. de orégano seco
agua y hielo para cortar la cocción

Pelamos las zanahorias y las ponemos a cocer enteras en una olla con agua hirviendo. Dependiendo de lo grandes que sean, necesitarán más o menos tiempo; yo las dejo unos 12 minutos. Lo ideal es pincharlas con un palillo; si pasa sin problema, están listas. Una vez cocidas, las sacamos y cortamos la cocción en un bol con agua con hielo.

Cuando estén frías, las cortamos en rodajas de ½ cm de grosor aproximadamente y reservamos en un bol.

Pelamos el ajo, le quitamos el germen y lo ponemos en un mortero. Añadimos el comino en grano y una pizca de sal y machacamos hasta conseguir una pasta lo más fina posible. Agregamos la pimienta blanca, el pimentón de la Vera, el AOVE y vinagre al gusto. Mezclamos todo bien.

Vertemos todo el aliño sobre las zanahorias y agregamos el orégano. Mezclamos bien. Dejamos reposar tapadas a piel durante al menos 10 minutos en nevera y listo.

TIPS: No dejéis que se os pasen mucho de cocción porque, si no, os quedará un puré y no es la idea. Deben quedar cocinadas al dente.

Como siempre digo con los aliños, a mí me gusta comerlos al día siguiente de hacerlos porque están más reposados y con todos los sabores mucho más presentes.

PIMIENTOS ASADOS ALIÑAOS

A MIS TÍAS

RACIONES: 5

TIEMPO ELABORACIÓN: 45 minutos

RESTRICCIONES ALIMENTARIAS: sin lactosa, gluten free, vegetariano, vegano

INGREDIENTES:

5 pimientos rojos grandes
1 cebolla mediana dulce
100 ml de AOVE
vinagre de Jerez al gusto
sal

Precalentamos el horno a máximo temperatura (230-250 °C). En una bandeja apta para horno, ponemos los pimientos rojos «de pie» bien embadurnados de aceite por la superficie. Horneamos durante unos 30-35 minutos o hasta que el pimiento esté cocido. No os asustéis si se os quema la piel; cuando los peléis, no quedarán quemados (tampoco os paséis, no se os vayan a chamuscar).

Una vez cocinados y blandos, los metemos en un bol y tapamos con film para que suden; esto nos ayudará a pelarlos. Cuando estén templados, les quitaremos las pepitas y el rabito y los pelamos. Soltarán mucho jugo, que colaremos para retirar las pepitas, y lo reservamos.

Cortamos los pimientos en tiras con las propias manos y reservamos en un bol. Picamos la cebolla en brunoise y la agregamos a los pimientos. Añadimos el AOVE, el vinagre, la sal y el jugo de los pimientos. Mezclamos bien, dejamos enfriar tapados a piel en nevera y ¡listos!

TIPS: Yo los como mucho solos de aperitivo, pero podéis tomarlos como guarnición con carnes rojas, que les va fenomenal, ponerlos en tostas o encima alguna caballa o sardina en conserva...

A MIS TÍAS

BABETAS CON ALMEJAS

RACIONES: 3

TIEMPO ELABORACIÓN: 45 minutos

RESTRICCIONES ALIMENTARIAS: sin lactosa, gluten free

INGREDIENTES:

500 g de almejas frescas

250 g de fideo grueso o babeta

1 tomate pera grande

½ pimiento italiano

1 cebolla dulce mediana

1 c. c. de aceite de ajo y perejil (ver receta p. 33)

6 hebras de azafrán

150 ml de vino manzanilla

50 ml de AOVE

1 hoja de laurel

800 ml de fumet rojo de marisco (ver receta p. 41)

sal

Metemos las almejas en un bol con agua y un puñado de sal durante al menos 30 minutos para que suelten la posible arena que puedan tener. Mientras tanto, vamos a preparar las verduras para el sofrito.

Lavamos y rallamos el tomate pera. Lavamos, quitamos el rabillo, las pepitas y las venas interiores del pimiento. Picamos en brunoise. Pelamos y picamos la cebolla en brunoise. Reservamos las verduras.

Ponemos a calentar el fumet en una olla, que hierva poco a poco para que esté caliente cuando necesitemos usarlo.

En una cazuela, añadimos un buen chorro de AOVE. Cocinamos la cebolla con un poco de sal a fuego medio hasta que esté blanda y transparente, añadimos el pimiento verde y cocinamos unos minutos hasta que también esté blando. Una vez estén hechas las verduras, subimos el fuego y añadimos el tomate rallado, dejamos que pierda el agua y se cocine durante unos 5 minutos sin parar de remover.

Agregamos el laurel y el vino manzanilla y dejamos reducir hasta que se evapore todo el alcohol. Incorporamos el fumet de marisco y cocinamos a fuego medio-bajo durante unos 10 minutos para que reduzca y se concentren los sabores. Salamos al gusto.

Retiramos la hoja de laurel y añadimos el sofrito junto con el fumet en un vaso de batidora. Trituramos todo hasta conseguir un líquido denso y homogéneo. Volvemos a verter el caldo en la cazuela y cocinamos a fuego medio durante 1 minuto junto con las hebras de azafrán.

Añadimos los fideos y cocinamos hasta que estén casi en su punto. En ese momento, escurrimos las almejas del agua con sal y las incorporamos para terminar de cocerlo todo junto, hasta que las almejas se abran y el fideo esté en su punto.

A MIS TÍAS

BERZA GADITANA

RACIONES: 10 raciones

TIEMPO ELABORACIÓN: 10-12 horas de remojo + 1 hora 30 minutos

RESTRICCIONES ALIMENTARIAS: sin lactosa, gluten free

INGREDIENTES:

Para el guiso:

1 kg de alubia blanca seca

3 l de agua para hidratar la legumbre

½ kg de calabaza

½ kg de judías verdes (las alargadas cilíndricas)

500 g de papada ibérica de cerdo

300 g de chorizo fresco

250 g de morcilla fresca

300 g de tocino ibérico fresco

300 g de costilla de cerdo ibérico

700 g de aguja de cerdo

4 dientes de ajo

1 cebolla dulce grande

50 ml de AOVE

1 c. s. de pimentón de la Vera

sal

3 l de agua para hidratar

4 l de agua para cocer

Para el majado

1 puñado de hierbabuena

1 diente de ajo

sal

pimienta negra

Dejamos las alubias blancas en remojo con los 3 litros de agua en un lugar fresco durante toda la noche; de esta manera, conseguimos reducir el tiempo de cocción del guiso. Si hace mucho calor, se pueden dejar en remojo dentro de la nevera.

Al día siguiente, en una olla a presión bien grande (si no os cabe, lo que podéis hacer es reducir las cantidades a la mitad), añadimos las alubias escurridas, una cebolla pelada y entera, los dientes de ajo pelados enteros, todas las carnes, las judías cortadas en 4, la calabaza pelada sin pepitas y cortadas en dados de 2 cm, un buen chorro de AOVE, el pimentón y la sal. Añadimos los 4 litros de agua y llevamos a ebullición.

Una vez rompa a hervir, bajamos a fuego bajo y tapamos. Cocinamos en la olla a presión durante unos 60 minutos. Una vez pasado este tiempo, despresurizamos, abrimos y comprobamos el punto de la judía y de las carnes.

Por último, añadiremos al guiso una majada de un diente de ajo, sal, pimienta al gusto y hierbabuena en mortero. Mezclamos con cuidado para no romper las alubias y cocinamos 5 minutos más para integrar los sabores.

Una vez listo, separamos las carnes de las alubias blancas y las verduras. En mi casa, y creo que en todo Cádiz, se come el guiso de alubias con la calabaza y las judías verdes como primer plato y, una vez acabamos, en el mismo plato, la pringá (un trocito de cada carne en la proporción que más os apetezca) con un buen pan recién hecho. Una pringá siempre hay que comerla machacando con el trozo de pan las carnes y con las manos.

MINIHISTORIA

Las cantidades de esta receta son las que utilizaban mi abuela en su día y mis tías a día de hoy. ¿Por qué? Porque siempre solemos hacerla cuando nos reunimos toda la familia y hay que preparar una buena olla de berza con su pringá.

A MIS TÍAS

BOQUERONES EN VINAGRE

RACIONES: 6-8

TIEMPO ELABORACIÓN: 12 horas

RESTRICCIONES ALIMENTARIAS: sin lactosa, gluten free

INGREDIENTES:

700 g de boquerones muy frescos
200 ml de vinagre de vino blanco
100 ml de agua
sal
manojo de perejil fresco
AOVE
4 dientes de ajo
abundante agua con hielo

Si decidís limpiar los boquerones en casa, les retiraremos la cabeza y las tripas con las manos. Es un pescado un poco delicado y nos interesa que los lomos queden bonitos y no rotos, así que, con mucho cuidado, retiráis la espina central y los dejáis abiertos por la mitad, enganchados aún por la cola. Les pasamos un agua para retirar el exceso de sangre y los dejamos desangrar en abundante agua con hielo para que los lomos nos queden bien blancos. Cambiamos el agua un par de veces.

Mezclamos el agua con el vinagre y en un túper con suficiente capacidad, vertemos un poco del agua con vinagre y un poco de sal. Colocamos una primera capa de boquerones con la parte del lomo sin piel boca abajo. Repetimos la acción con otro poco del agua con vinagre y una pizca de sal y encima otra capa de boquerones, y así sucesivamente hasta tenerlos todos en el recipiente. Deben quedar cubiertos del líquido. Tapamos y dejamos reposar en la nevera durante la noche.

Al día siguiente, colamos los boquerones para retirar el agua con vinagre. Los ponemos en una bandeja o fuente y los cubrimos de AOVE y de una picada de ajo rallado y perejil muy finamente cortado.

MINIHISTORIA

La receta por excelencia de mi tía Eleni. Siempre que hacemos eventos en casa, ella trae boquerones en vinagre o ensaladilla rusa. ¿Sabéis cómo me encanta comerlos? ¡Encima de una buena patata frita! El crujiente de esta y la carnosidad del boquerón quedan de diez.

A MIS TÍAS

PAPAS CON CARNE

RACIONES: 3

TIEMPO ELABORACIÓN: 50 minutos

RESTRICCIONES ALIMENTARIAS: sin lactosa, gluten free

INGREDIENTES:

- 500 g de costilla de cerdo ibérico
- 1 l de fondo oscuro (ver receta p. 38) o agua
- 1 cebolla dulce grande
- 1 zanahoria grande
- 3 patatas Monalisa pequeñas
- 1 hoja de laurel
- 100 ml de vino amontillado
- 2 c.c. de aceite de ajo y perejil (ver receta p. 33)
- AOVE
- sal
- pimienta negra

Vamos a preparar todos los ingredientes antes de empezar a cocinar. Pelamos y cortamos en mirepoix la cebolla dulce. Pelamos y cortamos en rodajas de ½ cm de grosor la zanahoria; si es muy grande, podéis cortarla por la mitad y luego en medias lunas. Pelamos, lavamos y chascamos las patatas. Reservamos. Ponemos a calentar el fondo oscuro de carne en un cazo a fuego bajo para que vaya cogiendo temperatura. Salpimentamos las costillas de cerdo.

En otra olla a fuego alto y con un chorro de AOVE, marcamos y doramos las costillas. No hace falta cocinarlas del todo, solo darles un buen color tostado por la superficie. Sacamos y reservamos.

En la misma olla, agregamos un poco más de AOVE si fuese necesario y, a fuego medio, cocinamos la cebolla hasta que esté bastante dorada, añadimos la zanahoria, cocinamos unos 5 minutos más y salamos. Volvemos a introducir las costillas de cerdo marcadas junto con los jugos que hayan soltado, las patatas y el aceite de ajo y perejil. Subimos el fuego. Cocinamos un minuto para que todos los sabores se integren, añadimos la hoja de laurel y el vino amontillado. Dejamos que se evapore y que pierda todo el alcohol. Finalmente cubrimos con el fondo oscuro de carne (que ya estará caliente), llevamos a hervir, bajamos el fuego y dejamos cocinar unos 20-25 minutos tapado o hasta que la carne y la patata estén en su punto.

MINIHISTORIA

Las papas con carne han sido de esos platos que comíamos en casa cada semana. Uno sencillo, con ingredientes muy fáciles y que queda riquísimo.

ÍNDICES

ÍNDICE DE RECETAS

MIS BÁSICOS

MASAS Y MANTEQUILLAS

SNACKS

PLATILLOS

ENTRE MASAS

HUEVOS

MIS PLATOS DE PASTA

ARROCES / FIDEUÁ

PLATOS PRINCIPALES

DULCES

AGRADECIMIENTOS

ÍNDICE DE INGREDIENTES

MasterCard
Maestro
PVP
Kg
€/kg
PRODUCTO
PVP
2 Kg
2'50 €
€/kg
1 Kg 1,50€